Herman Granier

Die Schlacht bei Lobositz am 1. Oktober 1756

Herman Granier

Die Schlacht bei Lobositz am 1. Oktober 1756

ISBN/EAN: 9783743317031

Hergestellt in Europa, USA, Kanada, Australien, Japan

Cover: Foto ©ninafisch / pixelio.de

Manufactured and distributed by brebook publishing software (www.brebook.com)

Herman Granier

Die Schlacht bei Lobositz am 1. Oktober 1756

Die Schlacht bei Lobositz

am 1. Oktober 1756

Von

Hermann Granier

Mit einer Terrainskizze

Breslau
Verlag von Eduard Trewendt
1890.

Inhalt.

		Seite
1.	Vorwort	3
2.	Uebersicht der Quellen	5
3.	Der Feldzug 1756 bis zum 1. Oktober	24
4.	Stärkeverhältnisse und Ordres de bataille	39
5.	Die Schlacht	46
6.	Verluste	78
7.	Der Ausgang der Schlacht und des Feldzuges	83
8.	Exkurs über eine Gaudi-Catt'sche Anekdote	95

Vorwort.

Die Schlacht bei Lobositz ist das in seinen Einzelheiten wohl am wenigsten bekannte grosse kriegerische Ereigniss des siebenjährigen Krieges. Für die Zeitgenossen wie für die Nachgeborenen trat sie vor den gewaltigeren Schlägen der folgenden Feldzüge zurück. In der vorliegenden Arbeit sollen die Nachrichten über diese Schlacht möglichst vollständig zusammengetragen und auf Grund ihrer Sichtung eine eingehende Darstellung derselben gegeben werden. Ist doch auch sie eines besonderen Interesses nicht unwert. In diesem „ersten Lanzenbrechen" des grossen Kampfes, der fast alle Militärstaaten Europas in die Schranken treten sah, zeigten die alten Gegner zuerst, was sie etwa gelernt oder bewahrt hätten. Dann ist Lobositz die einzige Friderizianische Schlacht, die ohne entscheidenden Ausgang blieb.

Und dies steht im Zusammenhange damit, dass sie allein das Beispiel eines Rencontres[1] bietet, eines Treffens, bei dem die Gegner aufeinanderstiessen, ohne dies direkt beabsichtigt zu haben, weil, wie der König sagt,[2] „wie die Dinge lagen, die Pläne der Führer der Armeen sich so widersprechend und so entgegengesetzt waren, dass sie notwendigerweise zu einer Entscheidung kommen mussten." So wurde die Schlacht gleichsam improvisirt.

Wie so manche That des grossen Königs hat auch diese erste Schlacht des siebenjährigen Krieges seinen offenen und versteckten Gegnern zu dem Versuche dienen müssen, seine Lorbeeren zu beschneiden. Die Prüfung der Quellen ergiebt aber unzweifelhaft, dass auch hier die Verkleinerungen des

---

[1] Bernhardi, Friedr. d. Gr. als Feldherr, Bd. I, S. 16, nennt noch Liegnitz als eine Schlacht, „die sich aus einem zufälligen Zusammentreffen ergeben." Aber bei Liegnitz suchte Laudon die Schlacht, nur dass er den König anders traf, als er erwartet hatte.
[2] Oeuvres IV, S. 87.

königlichen Feldherrn den thatsächlichen Verhältnissen nicht entsprechen. Die Anregung zu dieser Arbeit verdanke ich Herrn Professor Dr. R. Koser, der sie mit seinem Rate und mit seiner Unterstützung vielfach gefördert hat. Die Kriegsarchive zu Berlin und Wien, sowie das Geheime Staats-Archiv zu Berlin haben mir die Benutzung des ungedruckten Materials in der zuvorkommensten Weise ermöglicht. Auch aus dem Herzogl. Anhalt'schen Haus- und Staatsarchiv zu Zerbst und der Bibliothek zu Darmstadt sind mir Beiträge freundlichst vermittelt worden. Meinem aufrichtigsten Danke für diese Unterstützungen auch hier Ausdruck zu geben, ist mir eine angenehme Pflicht.

Uebersicht der Quellen.

Die Nachrichten über die Schlacht bei Lobositz lassen sich in folgenden Gruppen bringen:
1. Offizielle Kundgebungen.
2. Gleichzeitige Berichte und Darstellungen von Augenzeugen.
3. Spätere Darstellungen.
4. Memoiren.

Das wichtigste Hilfsmittel ist die „Politische Correspondenz Friedrich des Grossen", in welche für den siebenjährigen Krieg auch ein Teil der militärischen Correspondenz des Königs aufgenommen worden ist. Neben Meldungen und Befehlen und Briefen des Königs an seine Generale enthält die „Corr." seine eigenen Berichte über die Schlacht.

Am 2. Oktober gab der König in einem Briefe an den Feldmarschall Grafen Schwerin,[1] unter dem unmittelbaren Eindrucke der Schlacht, eine ausführliche Schilderung derselben; diese ist für alle späteren Darstellungen des Königs maassgebend geblieben, also auch für die offiziellen preussischen Berichte, welche aus der Feder des Königs stammen.

Anm. Was die Schreibweise des Schlachtortes betrifft, so wird das Städtchen an Ort und Stelle auf deutsch Lobositz, also mit „b" geschrieben, czechisch dagegen heisst es Lovosice, woher sich die gerade bei uns sehr verbreitete Schreibweise Lowositz herleitet. Der Gebrauch von b und w hat von jeher gewechselt. In der „Correspondenz" schreibt der König stets Lobositz, in der „Histoire" Lowositz. Im allgemeinen bedienen sich die österreichischen Darstellungen des „b", die preussischen des „w". Auch auf den Karten ist keine Schreibeinheit. Meist steht auf diesen Lobositz; die österreichische Militärkarte von 1784 aber (s. S. 15) schreibt Lowositz. Hier wird auch ganz consequent der Berg „Lowosch" genannt, von dem die Stadt wohl den Namen trägt; sonst wird derselbe durchweg „Lobosch" geschrieben. In den ersten Berichten findet sich auch die Verderbung des Ortsnamens in „Lowoschütz" und „Loboschütz" u. a. — Ich glaube, dem deutsch-böhmischen Sprachgebrauch folgend, am „b" festhalten zu müssen, zumal die dortige Bevölkerung ganz deutsch ist.

[1] Corr. 13, 8144.

Am 4. Oktober wurde der erste offizielle Bericht nach Berlin geschickt,[1]) zunächst für die preussischen Minister (Gesandten) im Auslande bestimmt, dem am 16. ein zweiter,[2]) für das grosse Publikum etwas umgearbeiteter folgte. Charakteristisch ist es, was des Königs Kabinetssekretär Eichel über die Art der Abfassung in dem Begleitschreiben zu diesem letzten Bericht an den Minister Podewils schreibt: „Ich hätte gewünscht, dass des Königs Majestät einem der anderen Dero Herrn Officiers permittiren wollen, sich von dieser Relation zu chargiren, indem ich gestehen muss, dass nach denen mir nunmehro bekannten Umständen diese Relation sehr modeste wiederum gefasset worden, und verschiedenes mehr drin gesaget werden können. — — Indess da des Königs Majestät es so haben wollen, so können auch Ew. Excellenz auf das, so in dieser Relation stehet, um so gewisser rechnen, und versichert sein, dass nicht das geringste darin grossiret worden und von manchem noch wohl ein mehreres gemeldet werden können."

Die deutsche Uebersetzung dieser Relation des Königs ist es, welche in den „Danziger Beyträgen"[3]) von 1756 als „Königlich preussischer Bericht von der Schlacht bei Loboschütz" abgedruckt ist. Eine zum grossen Teil wörtlich übereinstimmende französische Bearbeitung derselben, ist dem „Militärischen Nachlass"[4]) des Grafen Henckel beigegeben, „*La première relation préliminaire de la bataille de Lobositz 1756 Novembre Berlin*" betitelt. Derselben folgt hier eine „*Seconde relation*", ebenso datirt, welche die erste als „*plus circonstanciée*" schon ankündigt, in kurzem Auszuge. Vielleicht ist dieser Auszug, der eine direkte Vergleichung nicht ermöglicht, aus der Darstellung des ganzen Feldzuges entnommen, die als „*Relation de la Champagne de 1756 tant en Bohême qu'en Silesie et qu'en Saxe*" im November in Berlin erschien.[5]) Den darin enthaltenen Schlachtbericht, den dritten aus des Königs Feder, hat dieser bei der Abfassung der „*Histoire de la guerre de sept ans*"[6]) zu Grunde gelegt, welche letztere somit für die Schlacht nicht besonders in Betracht kommt. Die deutsche Uebersetzung davon findet sich wieder in den „Danziger Beyträgen", unter dem Titel: „Beschreibung des Feldzuges des 1756. Jahres."

Die Unterschiede zwischen diesen Berichten des Königs sind sachlich unwesentlicher Natur. Was die Zuverlässigkeit der Angaben anlangt, so kann dieselbe in Details, namentlich in Zahlen, nicht gesucht werden. Die Einzelheiten waren zuerst nicht genau bekannt, und erschienen späterhin in der

---

[1]) Corr. 13, 8151. — [2]) Corr. 13. 8214. — [3]) „Beyträge zur neueren Staats- u. Kriegsgeschichte." Danzig 1756. — [4]) Zerbst 1846. — [5]) Corr. 14, 8373. — [6]) *Oeuvres de Frédéric le Grand, tome 4*, Preuss'sche Ausgabe.

„Histoire", die er zu dem bestimmten Zwecke eines Lehrbuches für seine Familie und für seine Generale gearbeitet hat, dem Könige wohl nicht wichtig genug für eine genauere Prüfung. Das wesentliche ist aber, dass der König durchaus objektiv darstellt, und wird sich obiges Urteil Eichels als das allgemein zutreffende bezeichnen lassen.

Der offizielle österreichische „Bericht von der Schlacht bei Lowoschütz" ist, wie der preussische, in den „Danziger Beyträgen" abgedruckt. In ganz anderer Weise, als der König, verfährt der kaiserliche „Historiograph". Die Periode der Schlacht, die für die Oesterreicher günstig war, die der Cavallerie-Attacken, wird breit ausgeführt, während der entscheidende Kampf am Lobosch in wenigen Zeilen abgemacht wird. Dem Verfasser hat der Schlachtbericht des österreichischen Feldmarschalls Grafen Browne vorgelegen. Die französische Uebersetzung dieses offiziellen Berichts enthält wieder Henckels „Nachlass" als *„Relation detaillée de la bataille de Lowositz. Vienne 1756."*

Eine in Dresden 1787 erschienene Sammlung *„Des Relations et Plans des Batailles et Combats de la Guerre de 1756 à 1763, en Allemagne"* bringt eine Darstellung der Schlacht, die vollständig unparteiisch auf den beiderseitigen offiziellen Relationen beruht. Auch des Königs Brief an Schwerin scheint der Verfasser gekannt zu haben.

Einen ähnlichen Charakter, also den einer Ueberarbeitung der offiziellen Berichte, trägt eine ausführliche Beschreibung der Schlacht, die in einem Sammelbande der königl. Bibliothek zu Berlin, „Schlachtenberichte aus der Zeit des siebenjährigen Krieges" betitelt, in deutschem und französischem Texte abgedruckt ist. Weder über Verfasser noch über Abfassungszeit hat sich etwas ermitteln lassen; auch die Pläne, auf welche der Text verweist, sind nicht vorhanden, wogegen die grossen, gut ausgeführten Schlachtpläne der *„Relation et Plans"* eine erwünschte Zugabe sind.

Von des Königs Generalen hat der Generallieutenant August Wilhelm Herzog von Braunschweig-Bevern einen Bericht selbst verfasst, der sich handschriftlich im Kriegsarchiv befindet; abgedruckt ist derselbe in der „Sammlung ungedruckter Nachrichten, welche die Kriege der Preussen betreffen, Dresden 1781."

Es ist diesem Berichte Beverns der Vorwurf gemacht worden, er sei ein in persönlichem Interesse gefärbter. Der Feldmarschall Graf Kalckreuth[1]) hat diese Beschuldigung aufgebracht, indem er in seinen *„Paroles"* witzelt: „die Relation

---

[1]) *„Paroles du Feldmaréchal Kalckreuth"*. Berlin 1841. S. 61: *„La relation du duc de Bevern, qui a suivi Tempelhof, ne paraît avoir été fait que pour amuser un moment le duc régnant du Brunswick."*

Beverns schiene nur zu dem Zwecke gemacht zu sein, um den regierenden Herzog von Braunschweig einen Augenblick zu amüsiren." Nach dem ganzen Charakter der „*Paroles*" lässt sich unschwer annehmen, dass auch diese Sottise von irgend einem persönlichen Motive diktirt worden ist. Jedenfalls ist diese Quelle eine so getrübte, dass es kaum zu rechtfertigen sein dürfte, wenn noch in jüngster Zeit der Vorwurf gegen Beverns Zuverlässigkeit ohne sichtbare weitere Prüfung daraus geschöpft wird. Mir erscheint wenigstens das Misstrauen zu weit getrieben, das aus dem „Umstande, dass der Bericht von einem braunschweigischen Prinzen an den andern geschickt worden, die unbedingte Glaubwürdigkeit des Verfassers in Frage stellen muss"[1]) und dann ohne Beweis urteilt: „der Wert des Bevernschen Berichtes darf also nicht allzu hoch angeschlagen werden." Hierzu ist zunächst zu bemerken, dass es keineswegs zutrifft, der Bericht sei für einen Braunschweiger speziell eingerichtet worden. Wenn der Abdruck in den „Ungedruckten Nachrichten" die „Adresse" noch zweifelhaft lässt, wo es im Eingange heisst: „Laut meines an Ew. letzthin abgestatteten Rapports," so wird diese durch das handschriftliche Exemplar im Kriegsarchiv klargestellt, wo die Anrede sich findet:

„Hochwohlgeborener Herr Graf,
Insbesonders Hoch- und Vielgeehrtester
Herr General-Feldmarschall."

Dieser Feldmarschall ist wohl Schwerin, von den sieben preussischen Feldmarschällen des Jahres 1756 neben Gessler der einzige, der zugleich Graf ist. Gessler kann nicht in Frage kommen, da er sich bei Lobositz selbst befand. An Schwerin dagegen, der die Armee in Schlesien kommandirte, kann der Herzog sehr wohl fortlaufende Privatberichte erstattet haben, und darum von seinem „letzthin abgestatteten Rapport" sprechen. Dass der Bericht von Bevern auch an seinen Bruder Karl, den regierenden Herzog von Braunschweig geschickt worden ist, ist sehr wahrscheinlich; aber auf die Art der Abfassung konnte der Umstand keinen entscheidenden Einfluss üben, da der Herzog keinesfalls der einzige Adressat war.

Ausser diesem „Rapport" war mir noch ein Brief Beverns an Moritz von Dessau vom 3. Oktober 56[2]) zugänglich, der in lebendiger Sprache die Erlebnisse des Herzogs in der Schlacht schildert.

Beverns Darstellung enthält auch nicht eine für ihn persönlich günstige Thatsache, die nicht auch anderwärts belegt wird;

---

[1]) „Ueber die Quellen der Geschichte des siebenjährigen Krieges von Tempelhof," Berliner Dissertation 1885, S. 36 u. 37.
[2]) Anm. Diesen Brief verdanke ich Herrn Dr. Albert Naudé, der ihn im Zerbster Archive aufgefunden hat.

er kommandirte eben auf dem entscheidenden Punkte, und er, von dem sein König schreibt.¹), dass er sich über alles Lob erhaben ausgezeichnet habe, lässt seine persönlichen Leistungen durchaus nicht allzusehr hervortreten. Der Herzog hat sich auch später noch über die Schlacht geäussert. In dem „Versuch und Auszug einer Geschichte der kurfürstlich brandenburgischen und nachherigen königlich preussischen Armee"²), nimmt er mit Entschiedenheit den Ruhm der Initiative zu dem entscheidenden Angriff für sich in Anspruch. Ich bin der Ueberzeugung, dass er auch hier von der subjektiven Wahrheit sich nicht entfernt, was in meiner Darstellung der Schlacht erörtert werden wird.

Da die in dem Dresdner militärischen Journal „Bellona" 1781 erschienenen „Anmerkungen über die in Braunschweig im Jahre 1777 herausgegebene Geschichte des letzten Krieges in Deutschland" (von Lloyd), sich über die Schlacht in demselben Sinne auslassen, und hauptsächlich die Ereignisse auf dem linken preussischen Flügel berühren, so glaube ich als Verfasser den Herzog betrachten zu dürfen, der in demselben Jahre 1781 am 1. August gestorben ist. —

Zwei Berichte, die auf den Prinzen von Preussen, August Wilhelm, zurückgehen, finden sich in Henckels „Nachlass". Der eine ist von „Dequede, Generaladjutant des Prinzen von Preussen" unterzeichnet. De Quede ist jedenfalls in der Schlacht gewesen, an der der Prinz als General der Infanterie auf dem rechten Flügel teilnahm. Nach einer Angabe hat er sich sogar bei Lobositz den Orden pour le mérite verdient.³)

Der zweite, „aus dem Journal des Prinzen von Preussen, von dem Herrn Sekretär Dufour geschrieben", ist ohne Zweifel vom Prinzen mindestens inspirirt, der wohl, wie so viele andre preussische Offiziere damals, ein tagebuchartiges „Journal" geführt hat oder hat führen lassen. Ein handschriftliches Exemplar desselben im Kriegsarchiv (XXXIV. 53), das sehr wohl das Original sein kann, nach der äusseren Form, trägt den Vermerk: „*Dressée par S. A. R. le Prince du Prusse.*" Diesem folgt eine Abschrift, die im wesentlichen gleichlautend ist, aber einige Stellen mehr ausführt, und bemerkenswerter Weise zwei-

---

¹) Corr. B. 8144: „*Le prince de Bevern s'est si fort distingué que je ne saurais assez vous chanter ses louanges,*" s. auch Corr. 14, 8890.
²) Märkische Forschungen 1886 (XIX B).
³) Beiheft zum Militär-Wochenblattt 1872: „Beiträge zu einem Verzeichniss der von Friedrich d. Gr. ernannten Ritter des Ordens pour le mérite. — Nach der Inschrift auf dem Obelisken zu Rheinsberg war De Quede Major im Reg. Prinz Heinrich. Er findet hier die ehrenvollste Erwähnung: „Seine richtige Urteilskraft, sein fester Charakter, seine Unerschrockenheit liessen wünschen, er möchte auf lange Zeit dem Staate nützlich werden." Er fiel bei Prag. —

mal günstige Angaben über die persönliche Thätigkeit des Königs bringt, die in dem 1. Exemplar fehlen.¹) Dieser Abschrift sind (von der Hand desselben Schreibers) „*Remarques sur cette Relation*" beigegeben, welche einige strategische und taktische Punkte erörtern, und mit den bezeichnenden Worten schliessen: „Hier einige Betrachtungen vom grünen Tisch über diesen denkwürdigen Tag, die sich vielleicht im Terrain als nichtig erweisen würden." Das muss ein einsichtiger Offizier gewesen sein, der das geschrieben hat.²)

Auch im Geheimen Staatsarchiv befindet sich eine Abschrift dieses Schlachtberichts, mit der Notiz: „*cette relation doit être du prince de Prusse.*"

Man kann somit diese beiden Relationen als von Augenzeugen herrührende betrachten. Es sind von einander unabhängige Arbeiten, die in wünschenswerter Weise unsre Kenntniss der Vorgänge im Einzelnen vermehren, und von jeder bestimmten Tendenz frei sind. Sie sollen als „Dequede" und „Journal" citirt werden.

Den Bericht eines Reitergenerals enthält das Kriegsarchiv³) unter dem Titel: „Ohngefähre Relation von der den 1. Okt. 56 zwischen der königlich preussischen und der kayserlich-königlichen Armee bey dem Städgen Lovositz in Böhmen vorgefallenen Aktion." Dass die Randnotiz: „diese Relation ist von dem Generallieutenant von Kyau verfertiget worden" zutreffend ist, beweisst ein Brief Kyau's⁴) an den Prinzen Moritz, vom 2. Okt., der im wesentlichen denselben Inhalt hat. Die Darstellung dieses Reiterführers ist für die Cavallerie-Attacken von grosser Bedeutung.

Auch aus den Reihen der dritten Waffengattung findet sich im Kriegsarchiv ein Bericht⁵) über die Schlacht, als „Nachlass des Major von Holtzmann" bezeichnet. In der Rangliste von

---

¹) Es heisst in dieser zweiten Abschrift: „*Le Roi a visité en personne tous les officiers blessés, et remercié chaque corps d'une manière tout à fait flatteuse et proportionnée à ses services*". Das Unterdrücken dieser Stelle in dem ersten Exemplar könnte man vielleicht in einen gewissen Zusammenhang mit dem bringen, was Catt (s. S. 196) erzählt: dass der Prinz von Preussen grade, allerdings am Vorabend der Schlacht, selbst „mit den Offizieren und Soldaten gesprochen" habe, während vom Könige diese dem Feldherrn so wohlanstehende Herablassung nicht erwähnt wird. — Die zweite Stelle besagt: *Nous eûmes le soir une allarme. Nos grandes gardes crûrent que l'ennemi revenait;* „*mais le Roi y avait pourtant pourvu car quoique les tentes fussent tendues personne pourtant n'était pas déshabillée*". Man könnte diese Angabe vielleicht gegen die Catt-Küstersche Erzählung von der Unruhe des Königs vor einem neuen Angriff, die erst Schoenaich beruhigen musste (s. S. 168 u. 169), verwerten.

²) *Voilà quelques reflexions de cabinet sur cette mémorable journée lesquelles s'évanouiraient peut être dès qu'on serait venu sur les lieux.*" — (³ Cap. XXXIV, 53. — ⁴) Auch dieser Brief ist mir aus dem Zerbster Archiv durch Herrn Dr. A. Naudé übermittelt worden. — ⁵) C II. 10.

1757 wird ein Major von Holtzmann im 2. Bataillon des Feldartillerieregiments in Böhmen geführt. Das „Journal" erwähnt einen „Lieutenant" Holtzmann von der Artillerie in der Schlacht. In einem Jahre könnte der Lieutenant schwerlich bis zum Major avancirt sein; da aber das „Journal" zugleich einen Holtzendorf von der Artillerie als Lieutenant nennt, der nach andrer Quelle[1]) bereits Hauptmann war, so darf man den gleichen Irrtum vielleicht auch betreffs Holtzmann annehmen. Jene Ranglistenangabe und die lebendige Art der Darstellung geben mir Veranlassung, Holtzmann als Augenzeugen der Schlacht anzusehen. Sein Bericht hat dadurch noch besondere Bedeutung, dass er bei zwei Materialien-Sammlern des siebenjährigen Krieges grosse Beachtung gefunden hat: auch dies spricht für seine Anwesenheit bei Lobositz. Gaudi benutzt ihn ausführlich, und Süssenbach hat ihn in seine „Handschrift" wörtlich aufgenommen. Ueber Gaudi wird weiter unten gehandelt werden.

Süssenbach war Sekretair des Generals von Wobersnow, der als Oberst und General-Adjutant des Königs bei Lobositz gewesen ist. Seine „Handschrift" befindet sich in der Bibliothek zu Darmstadt.[2]) Mir haben zwei von ihm überlieferte Berichte über die Schlacht bei Lobositz in der Abschrift vorgelegen. Der zweite Bericht ist in der „Bellona" Dresden 1781, I. Stück, im „Tagebuch eines königlich preussischen Offiziers über die Feldzüge von 1756 und 57," abgedruckt.

Die einzige Veränderung, welche Süssenbach mit dem Holtzmann'schen Berichte vorgenommen hat, besteht in der Verdeutschung der französischen, auch der militärisch-technischen Worte, bei welchem Sprachreinigungseifer es ihm denn passirt, wenn er z. B. „Attacke" mit „Angriff" giebt, dann mit „sie" schlug fehl fortzufahren. Anscheinend war die französische Sprache nicht seine starke Seite; wo ein französisches Wort nicht gut zu vermeiden war, schreibt er es falsch; wie T„*ä*"-*rrain* und ech„*ä*"*llon!* —

Stellenweise wörtliche Uebereinstimmung mit Holtzmann zeigt das „Tagebuch des Feldzugs in Sachsen und Böhmen", welches dem Kriegsarchiv „aus dem Nachlass von Hohenlohe" zugegangen ist. Holtzmann, der seinen Bericht jedenfalls nur zu seinen Privatzwecken ausgearbeitet hat, wird denselben dann, wie das häufig unter den preussischen Offizieren damals geschah, dem Verfasser des „Tagebuchs" zur Ergänzung von dessen Aufzeichnungen in der Musse der Winterquartiere mitgetheilt haben. Das Tagebuch behandelt die Schlacht sehr ausführlich und hat auch eine Reihe von selbständigen Angaben. Ob es

---
[1]) Beiheft z. Mil. Woch. 1872 in dem oben angeführten Aufsatze. —
[2]) Durch Herrn Prof. Koser sind dieselben im Geh. Staatsarchiv deponirt worden.

von einem Augenzeugen herrührt, wie nicht unmöglich, lässt sich bei dem Mangel jeder Nachricht über den Verfasser nicht entscheiden.[1]) Dafür könnte man anführen, dass es ebenfalls von Gaudi, der doch hauptsächlich Nachrichten aus erster Hand sammelte, benutzt worden ist. Interessant ist das Bruchstück des Berichts von einem „Hauptmann von Arnim dem I. Braunschweig-Bevernschen Regiments,"[2]) der über das Gefecht auf dem Lobosch schätzbare Notizen giebt. Ferner giebt ein Brief des Lieutenants von Behrenhorst[3]) vom Regimente Anhalt (der später als bekannter Militärschriftsteller auch den grossen König zu meistern unternahm), an den Lieutenant Hoffmann vom Regimente Below gerichtet, ein charakteristisches Beispiel für die Art und Weise, wie die preussischen Offiziere ihre kriegerischen Erlebnisse sich gegenseitig mittheilten. Der Brief ist erst nach dem Feldzuge von 1756 geschrieben, und zwar mit einem fast komisch wirkenden poetischen Schwunge, ist aber nicht ohne Werth, da der Verfasser als Augenzeuge auf dem äussersten rechten Flügel stand, in der Front, von wo aus er einen grossen Teil des Schlachtfeldes zu überschauen vermochte: „unsere Anhöhe war ein vollständiges amphitheater und die Ebene der Schauplatz," wie er es ausdrückt.

Die umfangreichste handschriftliche Darstellung der Schlacht giebt das sogenannte Gaudische Journal im Kriegsarchiv[4]) welches etwas ausführlicher besprochen werden muss, weil es viel benutzt worden ist, und besonders der Bearbeitung der Geschichte des Siebenjährigen Krieges von den Offizieren des grossen Generalstabs zur Grundlage gedient hat.

Friedrich Wilhelm von Gaudi wurde 1756 Hauptmann und Flügeladjutant des Königs. Er ist aber bei Lobositz nicht gewesen; wenigstens wird an der einzigen Stelle, wo die Adjutanten, welche den König vom Lager vor Pirna nach Böhmen begleiteten, namentlich aufgeführt werden, Gaudi nicht genannt. Diese Anführung findet sich in dem erwähnten Tagebuche aus dem Hohenloheschen Nachlass, das Gaudi sonst, wie gesagt, benutzt hat. Es ist wohl kein Zufall, dass der sonst so sehr ins Detail gehende Gaudi gerade an diesem Punkte kürzt, und sich mit der Erwähnung „einiger Adjutanten" begnügt. Somit ist Gaudi für Lobositz nur als abgeleitete Quelle zu betrachten.

---

[1]) Aster sagt darüber (S. 119): „Das „Tagebuch des Feldzugs 1756 in Sachsen und Böhmen" rührt wahrscheinlich vom damaligen preussischen General v. Tauenzien her, weil genannter Fürst (Hohenlohe-Ingelfingen) in dem Tauenzienschen Regimente eintrat, später dasselbe als Chef erhielt, auch überdies mit dem genannten General verwandt war". Natürlich ist das eine Vermutung, mit der die Glaubwürdigkeit des „Tagebuchs" weder gewinnt noch verliert. — [2]) Kriegsarchiv, Cap. XXXIV, 53. — [3]) ebenda. — [4]) C. I. 1.

Aber er hat allerdings, wie er selbst in einem „Vorbericht" sagt, „Mittel gefunden, aus der 1. Quelle zu schöpfen," und vor allem: er ist ein militärisch sehr unterrichteter Offizier, den der König doch selbst aus der Masse herausgehoben, und der es sehr wohl gewusst hat, wenn er wollte, seine Quellen verständnisvoll zu benutzen. Ist es also von dem kleinen Bruchstücke seines umfangreichen Werkes aus, das ich zergliedern konnte, überhaupt gestattet, ein Urteil abzugeben, so geht das meinige dahin: dass an Gaudi nicht vorbeigehen darf, wer ein Kriegsereignis der sieben Jahre behandeln will, und wäre es auch nur, um seine Auffassung kennen zu lernen.

Den Anspruch aber, Gaudi ohne weiteres auf Treu und Glauben zu nehmen, wird keiner stellen, der auch nur jenen „Vorbericht" gelesen hat. Sein Werk ist eben kein „Journal," von nur gleichzeitigen Aufzeichnungen — sodass diese verbreitete Bezeichnung unzutreffend ist, wenn auch der Verfasser sie selbst gebraucht. Gaudi hat mit dem Sammeln seiner „Materialien" wohl sofort begonnen — wenigstens sagt er im „Vorbericht" von 1778 „22 Jahre habe er auf diese Arbeit verwendet" — aber ausgearbeitet resp. zusammengeschweisst hat er seine Darstellung sicher erst in der Friedensmusse, was schon die äussere sehr geglättete Form anzeigt. Auch „amtliches"[1]) Material soll man ihm übermittelt haben; da er aber sonst seine Materialien aus der ganzen Armee erhielt, so mag wohl Max Dunkers[2]) Ausspruch zu Recht bestehen, das „Gaudis Journal der Sammelort für alle Entschuldigungen der Generale, für alle möglichen Anklagen gegen den König geworden ist."

Und war Gaudi der Mann, derartiges Material abzuweisen?

Gaudi ist im Regimente Prinz Heinrich gross geworden; 12 Jahre hat er demselben angehört, eine Zeitlang als Regiments-Adjutant. Es ist bekannt, dass Prinz Heinrich, des grossen Königs hochbegabter Bruder, der Mittelpunkt des Kreises derer war, die dem genialen Fluge der Thaten und Pläne des Königs mit besorgtem Misstrauen zusahen, und ihrer Misstimmung in beständigem Kritisiren Ausdruck gaben. Wohl möglich, dass diese Stimmung des Regiments-Chefs auf die seiner Offiziere Einfluss hatte. Für Gaudi lag vielleicht noch ein persönlicher Grund vor, gegen den König eingenommen zu sein. Nur ein Jahr lang war er in seinem Stabe, im September 57 kam er zu Keith, 1760 zum General Hülsen. „Die Aussicht auf Rückkehr in des Königs Umgebung" — erzählt der für Gaudi sehr eingenommene Graf Lippe[3]) — „verscherzte er sich, so wenigstens lautet ein Gerücht, weil sein rücksichtslos kritisirendes Privat-

---

[1]) Allgem. deutsche Biographie „Gaudy," und Beiheft zum Milit. Wochenblatt 1872. — [2]) Abhandl. zur preuss. Gesch. 1876. S. 83. — [3]) Beiheft zum Mil. Woch. 1872.

tagebuch, unvermutet vom Könige eingefordert, nichts weniger als des hohen Herren Beifall fand." Dieser Umstand — wenn er wahr ist — schadete übrigens Gaudis militärischer Laufbahn nichts. Er wurde 1779 Generalmajor, und 1785 verlieh ihm der König die Westfälische Infanterie-Inspektion. Im Sommer 1771 war er 3 Wochen des Königs Gast in Potsdam, was zeigt, dass ihm seine Kritik verziehen war.

Hat aber Gaudi bei der Erzählung der Schlacht bei Kollin den für den König nachteiligsten Gerüchten Aufnahme gegeben, deren Haltlosigkeit von Max Dunker[1]) überzeugend nachgewiesen ist, so hat er auch in der Schlacht bei Lobositz es nicht verschmäht, eine Episode einzuflechten, welche wohl geeignet wäre, den Ruhm des Königs zu beeinträchtigen. Ich muss die Erörterung hierüber in einen Exkurs verweisen, da die Darstellung des Verlaufs der Schlacht die Hauptlast des Gegenbeweises zu tragen hat.

Sehr verdienstlich sind die zu Gaudis Werke gehörigen Schlachtpläne. Der umfangreiche Plan von Lobositz ist äusserst sauber und detaillirt ausgeführt, namentlich was die Truppeneinzeichnung anlangt. Seine Anordnung der Truppenteile[2]) ist durchaus zuverlässig, was sich aus den Quellen ausreichend kontrolliren lässt. Gerade in diesen mehr äusserlichen Angaben war Gaudi, meines Erachtens, durch seine Kenntniss der Armee und die Art seines Quellenmaterials mehr als irgend ein anderer in der Lage, das Richtige zu überliefern, und erscheint es mir ganz verfehlt, gegen ihn, den Offizier, wie es in der untenstehend genannten Dissertation geschieht, die vorsichtigere Ausdrucksweise von Süssenbach als glaubwürdiger anzuführen, der doch nur ein Schreiber war, wenn auch einer „höherer Art." [2]) —

Das Kriegsarchiv enthält noch eine Reihe von „Journalen", „Tagebüchern," „Beschreibungen," welche die Schlacht bei

---

[1]) Abhandl. zur preuss. Gesch. 1876. „Die Schlacht bei Kollin."

[2]) Dass man mit Angriffen gegen Gaudi gerade in dieser Beziehung doch etwas vorsichtiger sein muss, möchte ich an einem Beispiel zeigen. In einer Strassburger Dissertation von 1887, „die Schlacht von Prag," wird Gaudis Glaubwürdigkeit betreffs der namentlichen Anführung der Regimenter bei den einzelnen Episoden angezweifelt, und hierbei folgendes angeführt: (S. 86) es wird in einer Quelle Gaudis (Süssenbach) „die Cavallerie vom linken Flügel nebst denen Garde du Corps, zusammen 28 Schwadronen" erwähnt. „Gaudi schreibt die Namen der Regimenter (aus der *ordre de bataille*) ab, giebt jedem 5 Schwadronen, nur den Garde du Corps 3, damit er eben die 28 herausbekommt." Nun war aber thatsächlich die eine Schwadron Garde du Corps, die König Friedrich II. gleich bei seinem Regierungsantritte errichtete, 1756 nach der Kapitulation der Sachsen aus der sächsischen Garde du Corps auf drei Schwadronen gesetzt worden, und blieb das Regiment in dieser Stärke bis zu Friedrich Wilhelm III., der es 1798 erst, wie die andern Cuirassier-Regimenter, auf 5 Schwadronen verstärkte!

Lobositz behandeln; sie sind aber meist anonym, und somit der Kontrolle entzogen; auch bringen sie nichts von Belang. Nur das „Tagebuch des Sekretärs Weidemann im Dienst des General-Feldmarschalls v. Keith"[1]) ist von Wert, da es u. a. „Tageslisten" resp. „Rapporte" der unter Keith in Böhmen stehenden Regimenter überliefert, welche die Berechnung der preussischen Truppenstärke in der Schlacht ermöglichen.

Gedruckte „Tagebücher" finden sich im IV. Bande der „Ungedruckten Nachrichten" 1783, und zwar des Majors v. Bornstädt, der in der Schlacht im Grenadier-Bat. Kleist Capitän[2]) war, und eines vom „jetzigen Czettritzchen Husarenregiment," das bei Lobositz das von Székely hiess.

Eine „Beschreibung der Bataille bey Lowositz. Aus einem ungedruckten Tagebuch eines vornehmen Offiziers" enthält das „Historische Portefeuille" im II. Bande des Jahrgangs 1784. Ueber die Persönlichkeit des Verfassers, ohne Zweifel eines Preussen, ist nichts in Erfahrung zu bringen. Wohl möglich, dass er in der Schlacht selbst war, wenn man seine lebendige Schilderung berücksichtigt.

Die kleinen Pläne für den Feldzug von 1756 in Böhmen, die das „Portefeuille" von 1784 und 85 bringt, sind Ausschnitte aus der „Militärischen Karte vom Mittelgebirge in Böheimb" etc., welche für das „Portefeuille" „nach dem Augenmasse aufgenommen" ist.[3])

Ein wichtiger Augenzeuge, dessen Darstellung allerdings erst lange nach dem Kriege veröffentlicht wurde, ist Heinrich von Westphalen, der Sekretär des Herzogs Ferdinand von Braunschweig, und sein steter Begleiter in allen Feldzügen. Seine „Geschichte der Feldzüge des Herz. Ferd. von Braunschweig-Lüneburg" erschien 1859 in Berlin. Der Schlacht bei Lobositz hat Westphalen, wie Behrenhorst, auf jenem besonders günstigen Punkte, wo der König selbst hielt, dem Homolkaberge, beigewohnt. Seine Schilderung hat einen doppelten Wert: er schreibt als objektiver Augenzeuge aus offenbar gleichzeitigen genauen Aufzeichnungen; auch sonst waren ihm vermöge seiner Stellung zum Herzog die besten Informationen zugänglich; und er hat sein Werk zu einer Zeit verfasst, als er durch sein Verhältniss zum Herzog, der ihn gleichsam als Generalstabs-Chef gebrauchte, sich eine grosse militärische Beurteilungsfähigkeit erworben hatte; natürlich lebt er ganz in den strategischen Anschauungen des Herzogs, die von denen des Königs erheblich abweichen. Man könnte Westphalen vielleicht eine gewisse, aber recht harmlose

---

[1]) C. I. 24. — [2]) Max v. Bornstädt, † 1759, bei Kay: Biogr. Lex. (s. u.) S. 45. — [3]) Diese Karte befindet sich auf der Königl. Bibliothek und ist der beiliegenden Skizze der Umgegend von Lobositz zu Grunde gelegt worden.

Schönfärberei vorrücken, da er seinem Herzoge einige kleine Verdienste vindicirt, auf die andere wohl mehr Anspruch haben.

Der Feldmarschall Graf Kalckreuth hat die Schlacht als 22 jähriger Sekonde-Lieutenant bei den Gardes du Corps mitgemacht. Seine Memoiren, die „*Paroles du feldmaréchal Kalckreuth*," hat er erst nach den Befreiungskriegen, da er verabschiedet war, geschrieben. 1841 hat sie sein Sohn drucken lassen. Seine Schilderung der Schlacht bei Lobositz besteht aus einer Reihe von nur lose zusammenhängenden anekdotenhaften Bemerkungen, die sich zum grossen Theil nur auf Hörensagen gründen — falls er nicht frei erfunden hat. Sein nahes Verhältniss zum Prinzen Heinrich — 1758 wurde er dessen Adjutant — genügt zur Erklärung, dass er mit besonderem Eifer bemüht ist, dem Könige und dessen Freunden etwas anzuhängen. Immerhin kann man durch Kombination mit sonst verstreuten Andeutungen einiges für die sachliche Darstellung „retten" und verwerthen, da er als Betheiligter Einzelheiten wissen musste. —

Noch sei ein Augenzeuge besonderer Art angeführt, dessen Aufzeichnungen vielleicht als historische Quelle von noch zweifelhafterem Werthe sind. Ich meine die Erzählung des zum preussischen Dienste gepressten Schweizers aus Toggenburg,[1]) der beim Regimente Itzenplitz bei Lobositz mit ins Feuer musste. Seine höchst anschauliche und charakteristische Schilderung des Rekruten- und Garnisonlebens und seiner Erlebnisse im Felde ist durch Gustav Freitags „Bilder aus der deutschen Vergangenheit" B. IV., allgemein bekannt. Ulrich Bräcker hat seine Abentheuer in der Heimat aufgeschrieben, als es ihm gelungen, bei Lobositz zu desertiren. Seine Erzählung von der Schlacht ist so lebendig und stimmt — neben Unrichtigkeiten — in manchen Einzelheiten so gut zu dem sonst Beglaubigten, dass man seine Beteiligung an derselben kaum bezweifeln kann. So weiss er es noch ganz gut, dass sein Regiment im zweiten Treffen stand, und dann am Lobosch verwandt wurde, um dem österreichischen Angriff entgegenzutreten. Auch was er über das Terrain erzählt, ist wohl aus eigener Anschauung entsprungen. Er muss sich übrigens einige Notizen sofort gemacht haben: seine Marschquartiere von Berlin bis Camenz (die der zweiten Kolonne Beverns unter Generalmajor von Meyerink, zu der das Regiment Itzenplitz gehörte), giebt er vollständig richtig an, was er im Gedächtniss schwerlich behalten haben kann; von der Lausitz an lässt ihn dann seine Kenntniss im Stich. Dass nun im Laufe der Zeit die Ereignisse sich zum Teil in seinem Gedächtnisse verschoben

---

[1]) „Lebensgeschichte u. militärische Ebentheuer des Armes Mannes im Tockenburg." Herausgegeb. von Füssli. Zürich 1789.

haben, kann nicht Wunder nehmen. Völlig unlösbar aber erscheint mir der Widerspruch, dass er der Uebergabe der Sachsen bei Pirna beigewohnt haben will, die Mitte Oktober stattfand, die Waffenstreckung, die er auf den 22. September verlegt, ausführlich schildert, und doch am 1. Oktober bereits die preussischen Fahnen verlassen hat. Er muss die Kapitulation von einem späteren Deserteur haben schildern hören, und seine lebhafte Phantasie hat sie ihm dann als eigenes Erlebniss erscheinen lassen. —

Von östereichischen Berichten und Mitteilungen über Lobositz befindet sich eine ganze Zahl im k. k. Kriegsarchiv zu Wien. Gedruckte Nachrichten von österreichischen Mitkämpfern habe ich nicht gefunden, ausser dem Briefe des Feldmarschalls Grafen von Browne an den sächsischen Minister Grafen Brühl vom 2. Okt. den Aster[1]) mitteilt. Derselbe ist natürlich ganz allgemein gehalten und bietet nichts von Bedeutung. Um so erwartungsvoller nimmt man die Berichte zur Hand, die Browne an Kaiser Franz gerichtet hat. Aber auch hier wird man enttäuscht; die Schreiben vom 30. September, vom 2., 4. und 6. Oktober geben weder von der österreichischen Stellung noch dem Gange der Schlacht oder von der Leitung und den Absichten auf österreichischer Seite ein klares Bild. Es würde diese Art der Berichterstattung gänzlich unbegreiflich bleiben, wenn nicht vielleicht der Umstand eine teilweise Erklärung giebt, dass Browne, wie er am 4. Okt. dem Kaiser schreibt,[2]) in zwei oder drei Tagen den Obersten Hohenfeld nach Wien senden wollte, da dieser den grössten Teil der Schlacht an seiner Seite gewesen, um dem (Hof-) Kriegsrat einen umfassenden, ins Einzelne gehenden Bericht zu erstatten. Dieser mag dann wohl das mündlich ersetzt haben, was man in Brownes Briefen an sachlicher Darstellung vermisst: nur einzelne Züge werden hier hervorgehoben, und vor allem „Personalien" mitgeteilt.

Auch ein anderer österreichischer, anscheinend höherer Offizier (die Unterschrift ist weggeschnitten) hat es in einem Briefe vom 5. Okt.[3]) vermieden, irgend etwas positives über die österreichischen Massnahmen während der Schlacht zu geben.

---

[1]) Heinrich Aster: Beleuchtung der Kriegswirren zwischen Preussen und Sachsen v. Aug. bis Okt. 1756. Dresden 1848.
[2]) Kabinets-Akten des k. k. Kriegsarchivs, 10. 3.: „J'enverrai en 2 ou 3 jours à Vienne le Colonel Hohenfeld, puisque il a été à mon côté la plus grand partie de l'action, et je ferai un ample détail au Conseil de guerre."
[3]) Feldakten des k. k. Kriegsarchivs, 10. 3. Im Eingang wird gesagt: „Depuis mon arrivée à cette armee j'ai été continuellement en course et à peine ai-je eu le tems de faire mes rapports à notre Maréchal Commandant"; direkte Berichte an den kommandirenden General kann doch nur ein höherer Offizier erstattet haben. Der Brief ist an eine „Excellence" gerichtet.

Die sonstigen Aufzeichnungen sind in der Hauptsache von noch geringerem Werte, und sind, nach ihren zum Teil ganz sinnlosen Angaben zu schliessen, schwerlich von Augenzeugen verfasst. Es ist ganz unverkennbar: die geistige Qualität der österreichischen Offiziere, die sich auf schriftliche Nachrichten einliessen, ist eine erheblich geringere gewesen, als die ihrer preussischen Gegner.

Aus dem österreichischen Lager (oder Kabinette?) entstammt auch die einzige Flugschrift, welche die Lobositzer Schlacht angeregt hat. Es ist die „*Lettre de Monsieur *** a Monsieur N N du Camp de Budin le 4. Oktober 1756,*" von dem sich eine „gleichzeitige Abschrift" im k. k. Kriegsarchiv zu Wien,[1]) ein gedrucktes Exemplar im Kriegsarchiv zu Berlin[2]) befindet. Die nicht ohne Witz, wenn auch ohne viel Geist verfasste Schrift besteht aus einer Reihe der handgreiflichsten Lügen und Entstellungen, zum Zwecke, den preussischen Erfolg als einen sehr zweifelhaften hinzustellen. Man sieht eigentlich nicht, warum der grosse König über dieses Machwerk sich erzürnte. Podewils nennt es in einem Briefe an Schlabrendorff vom 6. 11. eine „*impertinente pièce.*" Aber freilich hatte schon damals das „Gedruckte" eine unheimliche Wirkung in weiten Kreisen, was der König vor allem zu berücksichtigen wusste; und gerade bei dieser ersten Schlacht lag ihm aus politischen Gründen viel daran, dass sein Sieg überall anerkannt würde, was ihm freilich in Frankreich[3]) wenigstens nicht gelang.

Die Reihe der grösseren Darstellungen eröffnet Lloyd, den Ranke als einen „Mann von universalem Geiste und in jedem Zweige, den er ergriff, von durchgreifender Tendenz"[4]) bezeichnet.

Henri Lloyd, ein Engländer, diente erst in der österreichischen Armee, dann 1760 und 61 unter Ferdinand von Braunschweig gegen die Franzosen, und stieg in russischen Diensten zum General auf. Sein Werk „*the history of the late war in Germany*" erschien 1766 und 81, behandelt aber nur die ersten beiden Kriegsjahre. Auf die deutsche Uebersetzung seines Werkes beziehen sich jene „Anmerkungen"[5]) in der Bellona von 1781. Auf ungenügendes Material gestützt, benutzt Lloyd seine Kriegsgeschichte dazu, seine strategischen Ansichten darzulegen und des Königs Strategie, wie die seiner Gegner, seiner Kritik zu unterziehen. Lloyd ist die Quelle für Lobositz, die Napoleon I. für seine „Uebersicht der Kriege Friedrich II"[6]) vorlag. Dieser folgt darin Lloyds Angabe, nach welcher der König den Sieg durch eine Umgehung der linken Flanke Brownes er-

---

[1]) 10. 7. 1./4. — [2]) C. II. 19. — [3]) Corr. 13, S260. — [4]) Sämtl. Werke 30, S. 273. — [5]) s. o. S. 9. — [6]) „Militärische Klassiker" Band 1881.

zwang, eine Bewegung, die in Wahrheit erst am folgenden Tage stattfand, als der Feind schon abgezogen war. Napoleons „Bemerkungen" über die Strategie des Königs sind natürlich von höchstem Interesse, wenn sie auch bei seinen unzureichenden Quellen nicht immer zutreffend sind.

Lloyds Werk wurde übersetzt und fortgesetzt von G. F. Tempelhof, einem preussischen Artillerieoffizier, der sich seine Sporen im siebenjährigen Kriege verdiente. Seine „Geschichte des siebenjährigen Krieges," die diesen Namen zuerst gebrauchte, erschien 1783. Im ersten Bande begleitet er die einzelnen Abschnitte Lloyds mit kritischen Anmerkungen, welche die oft etwas abenteuerlichen strategischen Gedankenflüge dieses angesehenen Theoretikers auf das Mass des nach den Zeitverhältnissen Erreichbaren zurückführen. Dabei aber giebt er eigene Darstellungen der Kriegsereignisse. Für die Schlacht bei Lobositz ist seine Hauptquelle, wie er selbst andeutet, der Bevern'sche Bericht, den er durch die Aussagen von Augenzeugen, Offizieren und gemeinen Soldaten, ergänzt hat. (Diese letztere Angabe hat mich ermutigt, oben des „Toggenburgers" Erwähnung zu thun.)

Im Jahre 1824 erschien die „Geschichte des siebenjährigen Krieges, bearbeitet von den Offizieren des grossen Generalstabs." Es ist überraschend, dass das „Generalstabswerk" sich über einige Punkte in der Schlacht zu entscheiden Anstand nimmt, die klar zu stellen nicht ausser Bereich der Möglichkeit liegt. Das „Gen. Werk" giebt mehr ein Nebeneinanderstellen der verschiedenen Angaben als ein bestimmtes Bild der Schlacht, und geht auch in den Militärischen Details — Kopfzahl, *Ordre de bataille*, Verluste — nicht auf die ersten Quellen zurück. Es hat, neben dem „Journal" von Gaudi, für Lobositz Tempelhof und einen Aufsatz in der „Oesterreichischen Militär-Zeitschrift" von 1820 benutzt; ferner einen Vortrag, „über die Schlacht bei Lobositz," den der Oberstlieutenant von Scharnhorst im Jahre 1803 in der „Militärischen Gesellschaft" in Berlin[1]) gehalten hat. Scharnhorst, der 1782 das Schlachtfeld besucht hat, knüpft an seine kurze und klare Darstellung taktische und strategische Betrachtungen, die zum Teil unverkennbar auf eine Nutzanwendung für die Gegenwart berechnet sind. Seine Quellen sind Tempelhof und die Darstellungen des Königs.

Jene Darstellung in der „Oesterr. Militär-Zeitschrift" — nach Bernhardis Angabe von einem Oberleutnant Lieblein verfasst[2]), der, wie anzunehmen, das k. k. Kriegsarchiv benutzt hat, — gewinnt eine erhöhte Bedeutung, je weniger das österreichische handschriftliche Material, soweit es mir zugänglich

---
[1]) „Denkwürdigkeiten der milit. Gesellschaft in Berlin." II. Band. 1803.
[2]) Bernhardi „Friedrich d. Gr. als Feldherr," I. S. 45.

war, erkennen lässt, was eigentlich auf der österreichischen Seite vorging. Für die Details glaube ich dem Oesterreicher folgen zu dürfen, seinen Urteilen und Ansichten aber muss ich fast durchweg entgegentreten. In dem Aufsatze wird mit Entschiedenheit über den Feldmarschall Browne der Stab gebrochen; nur er habe es verschuldet, dass sich die Preussen den Sieg zuschreiben konnten, was ohne Zweifel eine abzuweisende Beschuldigung ist. —

Ueber die Vorgänge im sächsischen Lager giebt die beste Auskunft das schon genannte Werk von Heinrich Aster[1]), eine vortreffliche, ganz auf ersten Quellen beruhende Arbeit.

Von späteren Darstellungen der Schlacht ist noch die von C. v. Decker zu erwähnen, der in seinen 1837 erschienenen „Schlachten des siebenjährigen Krieges" für Lobositz ein paar neue artilleristische Details bringt, die, da er selbst preussischer Artillerie-Offizier war, wohl auf guter Information beruhen können.

Auf Decker stützt sich in der Hauptsache der „Text" zu Rothenburgs „Schlachtenatlas" (Berlin 1844), dessen Karten wegen des kleinen Formats von geringem Nutzen sind.

Gleichsam den Uebergang zur Memoirenlitteratur bildet der „Oesterreichische Veteran"[2]), dessen „Geständnisse" alle möglichen Aufschlüsse über die österreichischen Heeresverhältnisse aus eigener Anschauung geben. Der Veteran ist der österreichische Rittmeister Cogniazo[3]), der den ganzen siebenjährigen Krieg als österreichischer Offizier mitgemacht hat. 1763 nahm er den Abschied, durch eine kriegsgerichtliche Verurteilung gekränkt, und lebte seitdem im preussischen Schlesien; 1811 starb er.

Voll von aufrichtiger Bewunderung für den grossen König, stellt er dessen Thaten ins hellste Licht, und ergeht sich mit grosser Freimütigkeit über die Missstände im österreichischen Heere, die dessen Niederlagen mit verschuldet hätten, ohne jedoch, so weit ich sehe, dieser ausgesprochenen Grundstimmung zu Liebe bewusste Unwahrheiten vorzubringen. Wenn Arneth[4]) sich mit grösster Schärfe gegen seine Glaubwürdigkeit wendet, so ist das für einen Oesterreicher sehr erklärlich, wenn auch bei einem Historiker bedauerlich. Dass übrigens Arneth bezweifelt habe, der „Veteran" sei wirklich ein österreichischer Offizier, wie das neuerdings[5]) ausgesprochen ist, geht für mich aus seinen Worten nicht hervor. Arneth spricht von „der

---

[1]) s. o. S. 15 Anm. 1. — [2]) „Geständnisse eines österreichischen Veterans in politischmilitärischer Hinsicht u. s. w. Breslau 1788, bei Gottlieb Löwe. — [3]) Ueber Cogniazo: „Prinz Heinrich als Feldherr im siebenjährigen Kriege," Greifswalder Dissertation 1885. — [4]) „Geschichte Maria Theresias". B. IV. — [5]) Berl. Diss. 1885 „Ueber die Quellen von Tempelhof" S. 61.

Maske eines österreichischen Veteranen"[1]). Eine Maske ist die anonyme Bezeichnung immer, gleichviel ob ein Preusse oder ein Oesterreicher dahinter steckt. Wenn Arneth dann fortfährt, dass dieser Mann „man möchte sagen verräterischerweise, mehr für eine einseitige, preussisch gefärbte Darstellung gethan hat, als dies von noch so parteiischen preussischen Federn geschah," so erhellt daraus zum mindesten nicht seine Ueberzeugung, der „Veteran" sei kein Oesterreicher gewesen. Es würde auch solche Behauptung zu leicht zu widerlegen sein. Die „Geständnisse" beweisen eine so grosse Detailkenntniss des österreichischen Dienstes, dass sie nur jemand hat schreiben können, der selbst den schwarzgelben Fahnen gefolgt ist. Auch enthalten sie persönliche Angaben, die sich kontrolliren lassen und welche über die Persönlichkeit keinen Zweifel gestatten.

Cogniazo befand sich im Herbst 1756 im Lager Piccolominis bei Königgrätz, der gegen Schwerin stand, ist also bei Lobositz nicht gewesen. Seine sachlichen Angaben über die Schlacht aber scheinen in der Hauptsache durchaus zutreffend — hat ihn doch Ranke[2]) wiederholt angezogen. Sein militärisches Urteil halte ich für ein so aufgeklärtes, dass mir seine Benutzung für die militärische Geschichte des siebenjährigen Krieges als unentbehrlich erscheint. Es ist bei ihm aber die Tendenz nicht zu verkennen, den Feldmarschall Browne in pietätvoller Weise in Schutz zu nehmen, jedenfalls veranlasst durch die Beschuldigungen gegen den tapferen General, wie sie später in der „Oesterr. Militär-Zeitschrift" ihren Niederschlag fanden. Der Veteran schiesst hierbei in ähnlicher Weise über das Ziel hinaus, wie es dort im entgegengesetzten Sinne geschieht.

Der für Lobositz in Betracht kommenden Memoirenwerke im eigentlichen Sinne giebt es auf preussischer Seite mehrere; sie stammen alle aus der Feder von Männern, die jener gegen den König eingenommenen Partei angehören. Dennoch habe ich nicht Anstand genommen, aus ihren Schriften Einzelheiten, die von ihrer Tendenz nicht betroffen werden, zu benutzen, um das Bild der Schlacht, für dessen lebensvolle Gestaltung die Quellen spärlich genug fliessen, zu vervollständigen. Ist man doch bei den Quellen zur neueren Geschichte, im Gegensatze zu denen des Mittelalters, oft in der bevorzugten Lage, für jeden einzelnen Punkt prüfen zu können, ob der Verfasser nach eigener Anschauung oder nach der Mitteilung von Augenzeugen erzählt, oder welches die Motive seiner Aufstellungen sein könnten.

Gekränkter Ehrgeiz macht sich gegen den König Luft in

---

[1]) a. a. O. S. 493 — [2]) Sämmtl. Werke 30.

Warnerys „*Campagnes de Frédéric II.*," die 1788 erschienen. Karl von Warnery war 1756 Oberstlieutenant bei den Puttkammer-Husaren; er that den ersten Schuss im siebenjährigen Kriege, indem er auf Schloss Stolpen, wie es scheint in ziemlich brutaler und überflüssiger Weise [1]), den sächsischen Kommandanten niederschoss. Sein Regiment verblieb vor dem sächsischen Lager; bei Schandau zeichnete er sich gegen das österreichische Entsatz-Detachement so aus, dass er den *Pour le mérite* erhielt. Er war ohne Zweifel ein tüchtiger Reiteroffizier, aber von grosser Selbsteingenommenheit. Diese Eigenschaft und die Unzufriedenheit, die ihm der König nach einer Affaire in den Winterquartieren[2]) im Februar 1757 bezeigte, haben vielleicht den Anlass gegeben, dass er schon im Winter 1757 den Abschied erhielt. Er ist aber bei seiner Abgeneigtheit gegen den König keineswegs urteilslos: seine Darstellung der Schlacht von Kollin lässt den König von jedem Vorwurf frei erscheinen. Für die Schlacht bei Lobositz, der er also nicht beigewohnt hat, war er sehr wohl in der Lage, sich bei Augenzeugen zu informiren. Seine Schilderung hat aber etwas skizzenhaftes und ist selbstverständlich nur mit Vorsicht zu benutzen.

Ganz unbrauchbar sind die Notizen des Grafen Henckel von Donnersmarck, der sich zur Zeit der Schlacht als Sekond-Lieutenant und Adjutant des Prinzen Heinrich im Lager vor Pirna befand. Er giebt in den täglichen Aufzeichnungen in seinem „Militärischen Nachlass", der 1846 in Zerbst herausgegeben wurde, über die Schlacht bei Lobositz nur Lagerklatsch, der alle Kennzeichen desselben, Tadelsucht und Uebertreibung trägt und zu den von ihm dankenswerterweise aufbewahrten Relationen nichts von Belang hinzufügt, weshalb es hier überflüssig ist, zu untersuchen, inwieweit seine Aufzeichnungen wirklich gleichzeitige waren.

Die „Charakteristik der wichtigsten Ereignisse des siebenjährigen Krieges," 1802 erschienen, sind erst nach dem Tode des Generallieutenants von Retzow, der zuerst für den Verfasser galt, von dessen Sohne zusammengeschrieben worden. Derselbe stand als junger Offizier unter seinem Vater, dessen Aufzeichnungen, falls solche vorhanden waren, er durch eigne Anschauung hätte ergänzen können. Jedenfalls hat der Verfasser selbst ein „Tagebuch" geführt, dass seinem Gedächtnisse zu Hilfe kommen konnte. Seine rege Phantasie hat es dann verstanden, mannigfache Verzierungen anzubringen, denen man einen gewissen Effekt nicht absprechen kann. Auch der junge Retzow gehörte zum „Kreise der Prinzen," sodass es nicht überrascht, wenn seine eignen militärischen Ansichten, mit denen er nicht,

---

[1]) Aster, „Beleuchtung etc. S. 173; auch: Huschberg, die 3 Kriegsjahre 1756, 57, 58. Leipzig 1856. — [2]) Corr. 15, 8659.

zurückhaltend ist, des Königs Handlungsweise oft als eine verfehlte erscheinen lassen. Für die „Charakteristik" der Schlacht bei Lobositz ist unverkennbar sowohl die Darstellung in der „Historie," wie Bevern's Bericht benutzt. Seine besondere Tendenz, seinen Vater zu verherrlichen, konnte bei diesem Ereigniss nicht zum Vorschein kommen, da der Generallieutenant von Retzow als Chef des Verpflegungswesens während des Feldzugs von 1756 in Sachsen sich aufhielt.

Um so ausgesprochener tritt die gleiche Tendenz bei dem Hauptmann Grafen Schmettau hervor, der die „Lebensgeschichte des Grafen von Schmettau, königlich preussischen Generallieutenants" 1806 in Berlin herausgab. Dieser Generallieutenant, des Verfassers Vater, war bei Lobositz betheiligt, wo er 6 Bataillone im Centrum kommandirte. Der Verfasser geht zwar über die Schlacht selbst hinweg, da sie „sehr richtig in verschiedenen guten Relationen beschrieben" sei, kann sich aber nicht enthalten, wie bei andern Gelegenheiten, so auch hier, seinem Vater ein grosses Verdienst für den schliesslichen Erfolg zuzuschreiben. Die Anekdote, die er dafür vorbringt, steht mit der bei Gaudi erwähnten in einem gewissen Zusammenhange. Sie soll mit dieser im Exkurse abgethan werden. —

Einzelne Notizen über die Schlacht finden sich in den wenigen so weit zurückreichenden Regimentsgeschichten[1]) von: v. Schöning, Gensdarmes und Garde du Corps; v. Ravenstein, 2. Cürassier-Regiment, ehemals Baireuth-Dragoner; Schneider und v. Monteton, 6. Cürassier-Regiment, das 1807 aus den Depôtschwadronen und Resten von 6 bei Lobositz im Feuer gewesenen Cürassierregimentern gebildet wurde, nämlich vom Reg. Prinz v. Preussen (No. 2, 1806 von Beeren), vom Leib, Cürassier-Reg. (No. 3), vom Reg. v. Schönaich (No. 6, 1806 vo-Quitzow), vom Reg. v. Driesen (No. 7, 1806 v. Reitzensteinn vom Reg. Gensdarmes (No. 10) und vom Leib-Carabinier-Reg) ment (No. 11).

Ueber eine grosse Zahl der in der Schlacht betheiligten Offiziere bringt das 1790 in Berlin erschienene „Biographische Lexikon aller Helden und Militärpersonen, welche sich in preussischen Diensten berühmt gemacht haben" einige brauchbare Angaben. Diese Quellen, wie die Memoiren, „enthalten

---

[1]) v. Schöning: Des Gen. Feldm. D. G. von Natzmer Leben u. Kriegsthaten, mit den Hauptbegebenheiten des von ihm errichteten und 48 Jahre als *Commandeur en chef* geführten Garde-Reuter-Regiments Gensdarmes. Berlin 1838. — v. Schöning: G. des K. Pr. Reg. Garde du Corps. Berlin 1840. — v. Ravenstein: Historische Darstellung der wichtigsten Ereignisse des 2. Cürass.-Regiments. Berlin 1827. — L. Schneider: Das 6. Cürassier-Regiment. Berlin 1854. — v. Monteton: G. des 6. Cürassier-Regiments. Brandenburg 1842. —

mehr das Beiwerk, den Farbenschmuck, der zu einer Historie gehört, als das feste Gerüst, das zu einem Baue dienen könnte, oder die Fülle sicherer Thatsachen, aus denen Gang und Geist" eines Ereignisses „unmittelbar in die Augen fällt."[1])

Der Feldzug 1756 bis zum 1. Oktober.

Friedrich der Grosse, dessen scharfer Blick das Wetterleuchten des gewaltigen Unwetters, das sich im siebenjährigen Kriege über seinem Staate entladen sollte, frühzeitig gewahrte, entschloss sich, seinen Feinden „das Prevenire zu spielen."[2]) Von Oesterreich's kriegerischen Rüstungen seit Beginn des Jahres 1756 fortgesetzt unterrichtet, überzeugt, dass Sachsen sich zu seinen Gegnern gesellen werde „wenn der Ritter im Sattel wanke,"[3]) war er von der Notwendigkeit durchdrungen, die Hilfsmittel dieses Landes im Kampfe um die Existenz Preussens zu uneingeschränkter Verfügung zu haben. Er fasste den Plan, mit der Hauptarmee überraschend in Sachsen einzubrechen, die sächsischen Regimenter in ihren Quartieren zu entwaffnen, und sich dann nach Böhmen gegen die Oesterreicher zu wenden. Eine zweite kleinere Armee unter dem Feldmarschall Grafen Schwerin sollte Schlesien decken und gegebenenfalls auch in Böhmen einrücken.[4]) Als auf die wiederholte Anfrage nach dem Zwecke der österreichischen Rüstungen der Wiener Hof sich nur zu ausweichenden Antworten verstand, schritt der König zur Ausführung dieses Plans.

In den letzten Augusttagen marschirte die auf der Linie Magdeburg-Berlin-Frankfurt concentrirte, gegen 70 000 Mann[5]) starke Armee des Königs in drei Hauptcorps, der rechte Flügel unter Ferdinand von Braunschweig, die Mitte unter dem Könige, der linke Flügel unter dem Herzoge von Bevern, in drei, vier und wieder drei Kolonnen über Halle, Wittenberg, Bautzen in Sachsen ein, „um das Land wie ein Kornfeld mit mehreren Rechen zugleich zu durchziehen."[6]) Die sächsischen Regimenter aber waren am 25. August bereits in grosser Eile zusammengezogen worden, und hatten sich in der Stärke von ca. 20 000 Mann[7]) unter dem Feldmarschall Grafen Rutowski in das befestigte Lager von Pirna, zwischen dem Königstein und dem Sonnenstein, an der Elbe concentrirt; es war also nicht gelungen, ihrer Herr zu werden „ehe die Schäferstunde vorüber-

---

[1]) Ranke, S. W. I, S. 350. — [2]) Corr. 13, 7735. — [3]) Corr. 12, 7377. — [4]) Auf die viel umstrittene Frage des Feldzugsplans von 1756 näher einzugehen, muss ich mir hier versagen. — [5]) Ueber diese Stärkeangabe siehe u. „Stärkeverhältnisse". — [6]) Westphalen a. a. O. — [7]) Aster, a. a. O. S. 161.

ging."[1]) Auf dem Königstein hatte König August von Sachsen-Polen mit seinem Minister, dem Grafen Brühl, Zuflucht gefunden. Von hier aus richtete er am 2. September einen Beschwerdebrief an Maria Theresia[2]) und bat, ihm mit der Armee den Durchmarsch durch Böhmen nach Polen zu gestatten. Die Kaiserin gab in ihrem Antwortschreiben[3]) ihrer Freude über diese Absicht Ausdruck, in der sie den Anschluss an Oesterreich erblickte, und bot zugleich einen Subsidientraktat für die sächsische Armee.

Oesterreich, das trotz aller Kriegsvorbereitungen von des Königs Initiative „wie vom Blitze übereilt" wurde, da „durch das schwankende in den hofkriegsrätlichen Anstalten und Entwürfen, und das schwerfällige und zaudernde in der Ausführung für den Spass zu viel, für den Ernst zu wenig""[4]) geschehen war, hatte in Böhmen und Mähren Ende August zwei Truppencorps: bei Kollin ca. 30000 Mann unter dem Feldmarschall Grafen Ulisses Browne, unter dem Feldzeugmeister Fürsten Piccolomini bei Olmütz ca. 17000 Mann versammelt. Auf dem Papier zählten sie freilich 70000 resp. 30000 Mann, und die Zeitungen,[5]) welche alle Regimenter, die zur Armee kommandirt waren, als schon eingetroffen nannten, trugen mit dazu bei, dass auch der König von den österreichischen Kräften eine zu hohe Meinung erhielt. Das Dienstverhältniss zwischen den beiden kaiserlichen Generalen war nicht deutlich genug bestimmt.[6]) Browne hatte zwar nominell den Oberbefehl, doch scheint diese Anordnung keine bindende Verpflichtung zum Gehorsam für Piccolomini involvirt zu haben, sodass auch auf dem Kriegsschauplatze selbst kein einheitlicher Wille die Bewegungen leitete.[7])

Im sächsischen Lager aber konnte man zu keinem Entschlusse kommen. Der Abzug nach Böhmen unterblieb schliesslich, ohne Zweifel im letzten Grunde infolge der Abneigung des Königs August, sich den Gefahren des Uebertritts[8]) auszusetzen: waren doch preussische Truppen im Vormarsch von Zittau aus (fälschlich) gemeldet worden, die dann den sächsischen Herrscher beim Austritt aus dem Gebirge, bei Lobositz, hätten aufheben können!

Am 6. September war die preussische Armee bei Dresden versammelt; am 10. wurde das sächsische Lager eingeschlossen. Am gleichen Tage erklärte der sächsische Kriegsrat einmütig: „die Retraite nach Böhmen sei nunmehr zu spät und schlechterdings impraktikabel."[9]) Brühl war als der Einzige für das

---

[1]) Westphalen. — [2]) Aster, a. a. O. S. 160 u. 161. — [3]) Aster, S. 175. — [4]) „Veteran". — [5]) „Veteran." — [6]) Oesterr. Milit. Zeitschr. — [7]) Arneth a. a. O. — [8]) Aster, a. a. O. S. 175. — [9]) Aster, S. 237.

Durchschlagen, wozu auch der Marschall Browne in einem Briefe von Kollin aus vom 10. September riet. Rutowski aber hatte sich schon vorher, am 4. September, für das Stehenbleiben ausgesprochen: das sei „sowohl für die sächsische Armee als für die Alliirten angemessener und nützlicher."[1]) Wie aber, wenn die Preussen sich des Lagers durch gewaltsamen Angriff bemächtigten? Die Möglichkeit dazu lag in den ersten Tagen zweifellos vor. Winterfeld hatte schon einen Angriffsplan ausgearbeitet. Auch hat der König dies ins Auge gefasst; am 12. September schreibt er an den Prinzen Moritz v. Anhalt-Dessau:[2]) „Ich bin nun völlig um sie (die Sachsen) herum; ihr Lager ist schlimm. Ob man sie mit gutem kriegt, stehet dahin; indessen 4 Tage kann ich noch warten, will es alsdann nicht brechen, so muss man sehen, wie man hereinkommt." Die Unterhandlungen mit König August, die am 14. September begannen, wegen des Anschlusses an Preussen blieben zwar resultatlos, aber Friedrich glaubte, dass die Sachsen nur auf ganz kurze Zeit mit Lebensmitteln versehen seien und erwartete so von Tag zu Tage die Uebergabe. Währenddem aber konnten die Sachsen ihr Lager so verstärken, dass der von vornherein sehr verlustbringende Sturm zu grosse Opfer erfordert hätte. Dazu kam der Wunsch des Königs, die sächsischen Soldaten in jedem Falle seinem Heere einzureihen, was nach der Ueberwältigung durch Waffengewalt besonders misslich gewesen wäre, abgesehen von ihren Verlusten. Vielleicht hat auch die politische Erwägung mitgewirkt, Frankreich, dessen Interesse für Sachsen ein sehr lebhaftes war — die Dauphine war eine sächsische Prinzessin — durch ein so blutiges Schauspiel, wie die Erstürmung sein musste, nicht noch mehr zu reizen, als es schon durch die Okkupation des Landes, trotz aller Aufklärungen, geschehen war.

Noch vermied man auf beiden Seiten alle Feindseligkeiten; am 22. September wurde der erste preussische Husar bei einer allzu weit vorgehenden Patrouille erschossen.

Auch gegen Oesterreich that der König keinen direkt feindseligen Schritt, bis am 12. September auf eine dritte Anfrage wegen der Absichten Maria Theresias wieder eine ablehnende Antwort erfolgt war. Nunmehr gestattete der König dem Feldmarschall Schwerin den Einmarsch in Böhmen über Nachod; sollte Piccolomini sich mit Browne vereinigen wollen, dann sollte ihm Schwerin auf dem Fusse folgen, und „diese Leute werden keine Seide spinnen."[3]) Auf die Nachricht, der von Browne von Kollin aus gegen die sächsische Grenze detachirte General Graf Wied habe am 11. September Aussig und das

---

[1]) Aster, S. 174. — [2]) Corr. 13, 8056). — [3]) Corr. 13, 8014.

Schloss Tetschen besetzt, welches letztere an der Elbe gelegen, die Verbindung auf diesem Flusse beherrschte, sandte auch der König ein Observationscorps über Peterswalde nach Böhmen. Dasselbe, 14 Bataillone und 7 Schwadronen stark, unter Ferdinand v. Braunschweig, trieb die Oesterreicher in leichten Gefechten bei Peterswalde und Aussig (am 13. u. 19. September) zurück, und bezog ein Lager bei Aussig, wo eine Ponton-Brücke über die Elbe geschlagen wurde. Tetschen nahm der General v. Manstein am 22. September. Der König schreibt darüber an Bevern:[1] „70 gefangene Oesterreicher haben wir gekriegt; nun müssen 3 Nolln dazu gesetzet werden, dann ist der Krieg aus."

Das Kommando des um 60 Schwadronen verstärkten Observationskorps wurde dann dem Feldmarschall Keith übertragen, der am 20. Sept. in Aussig anlangte und am 24. das Lager nach Johnsdorf, 5½ Kilometer nördlich von Aussig, verlegte. An diesem Tage traf Bevern mit Verstärkungen bei Keith ein, sodass das Observations-Korps auf 28 Bataillone und 71 Schwadronen anwuchs, die ca. 30,800 Mann zählten.[2] Ueber die Stellung und das Verhalten der Oesterreicher war man im preussischen Lager nur mangelhaft unterrichtet. Der König befahl Keith zu wiederholten Malen,[3] stärkere Recognoscirungen vorzunehmen und kleine Patrouillen vorzutreiben. Sollte Browne sich etwa bei Budin mit starken Kräften befinden, so müssten Keith und Schwerin ihre Bewegungen „concertiren!"

Keith war mehr auf die Verstärkung seines Lagers bedacht, als dass er den Aufklärungsdienst mit Energie betrieben hätte. So wirft ihm der König am 14. September vor: „Wenn Sie nicht durchweg die Offensive bevorzugen, so verderben Sie mir meine Truppen, und wir verlieren das Uebergewicht, das Sie dem Haufen Gesindel gegenüber, das Sie vor sich haben, aufrecht erhalten müssen."[4]

Keith machte dann den Vorschlag, bis zur Eger[5] vorzurücken, da dort das Terrain zur Verwendung der überlegenen preussischen Cavallerie ungleich geeigneter sei, als das Gebirgsgelände, wo er jetzt stände. Der König war erst wegen der Verpflegungsschwierigkeiten dagegen, schreibt aber am 26. Sept., die Brotverpflegung könne durch Umladen in Peterswalde vom Blokadekorps aus besorgt werden: „er werde selbst kommen, um seinen Entschluss nach den Umständen zu fassen; sicherlich könne man bis Lobositz marschiren, und Wied von dort verjagen, was die Fouragirung erleichtern würde." Noch am selben Tage wird der König in seinem Entschlusse, selbst zum Rechten zu sehen, durch eine neue Unzufriedenheit mit Keith

---

[1] Corr. 13, 8101. — [2] Siehe Seite 83. — [3] Corr. 13, 8110, 8111. —
[4] Corr. 13, 8113. — [5] Corr. 13. 8123.

bestärkt. Keith hatte sich endlich zu einer grösseren Recognoscirung entschlossen, dieselbe aber Ferdinand von Braunschweig, als dem ältesten Generallieutenant seines Corps, anvertrauen wollen, während ihm der König als dazu geeignet Bevern, Katzeler, Kyau (für kleinere Seydlitz)[1]) genannt hatte. Keiths Meldung von seiner Absicht — die Sache kam nicht zur Ausführung — hatte sich mit diesem Befehle gekreuzt; der König schreibt ihm nun (26. Sept.): „Kommandos nach der Rangliste sind in meiner Armee nicht üblich; und Ihre Sache ist es nicht, solche einzuführen. Ich werde mich selbst da hinunter begeben, und dort alles in Ordnung bringen."[2]) Keith beeilt sich hierauf, dem Könige zu versichern, dass sein einziger Ehrgeiz es sei, des Königs Befehle mit der grössten Genauigkeit auszuführen, und dass er besser als jeder andere es wisse, wie unrecht er mit dem Anspruch haben würde, Neuerungen in einer Armee einzuführen, die der König so sehr bemüht gewesen sei, nach seinen Ansichten zu bilden.[3])

Der entscheidende Grund für den Zug des Königs nach Böhmen aber war wohl der, dass für alle weiteren Bewegungen gegen die Oesterreicher der Besitz der Ausgänge des böhmischen Mittelgebirges erforderlich war, und dass der König von Lobositz aus alle Operationen, die Browne[4]) etwa auf dem rechten Elbufer zur Befreiung der Sachsen machen würde, leichter entdecken konnte; und dies selbst zu sehen war für den Feldherrn notwendig: *en amour comme en guerre on ne fait rien que de très près!* —

So trifft der König am 28. September Nachmittags unter Bedeckung der Grenadier-Kompagnie vom 1 Bataillon Garde im Lager von Johnsdorf[5]) ein. In seiner Begleitung waren der Prinz v. Preussen, der Generaladjutant Oberst v. Wobersnow, der Ingenieur-Oberstlieutenant v. Balby, und die Flügeladjutanten, die Majors v. Oelsnitz, v. Krusemarck, v. Stutterheim, der Kapitän v. Speier, der Lieutenant Graf zu Anhalt und der Fähnrich v. Oppen. Im Lager, wo er in Postitz Quartier[6]) nahm, erhält der König die (falsche) Nachricht, dass Browne den Sachsen über Freiberg und Kommotau zum Sukkurs[7]) marschiren wolle: „um dieses zuvorzukommen, so marschire übermorgen nach Wellemin und den Tag drauf nach Lobositz." Auch war der König mit der Wahl des Lagers nicht einverstanden, da er dominirt werde und die Communication in demselben erschwert sei.

Noch am 28. Sept. machte man preussischerseits den vergeblichen Versuch, sich des nahe bei Aussig auf dem rechten Elb-

---

[1]) Corr. 13, 8113. — [2]) Corr. 13, 8125. — [3]) Corr. 18, 8126. — [4]) Corr. 14, 8378. — [5]) „Tagebuch", Kriegsarchiv C. II 11. S. 46. — [6]) Beverns Bericht. — [7]) Corr. 13, 8137.

ufer gelegenen Schlosses Schreckenstein zu bemächtigen, das von 400 Kroaten und Freiwilligen unter dem Oberstlieutnant Macheligot[1]) besetzt war. Die Oesterreicher erwiderten dies in der Nacht durch einen Anfall auf den Brückenkopf bei Aussig, was wohl den Anlass gab, dass der König Tags darauf den Abbruch der Brücke befahl.

Am 29. September Mittags gegen 12 Uhr marschirte der König mit einer Avantgarde von 8 Bataillonen (Reg. Braunschweig, Reg. Quadt, 1. 2. Bat. Anhalt[2]), Grenadier-Bat. Grumbkow und Jung-Billerbeck), der Garde du Corps, 10 Schwadronen Dragoner (Truchsess und Oertzen) und den Husaren v. Székely unter den Generalen Schwerin, Bevern[3]). Quadt und Oertzen nach dem ca. 1$^1/_2$ Meilen vom Lager entfernten Türmitz a. d. Biela und lagerte daselbst. Der zum Recognosciren vorangeschickte Major v. Oelsnitz brachte am Abend die durch Bauern erhaltene Nachricht zurück, dass Browne über die Eger gehen wolle. Der König schickte Oelsnitz zur Armee mit dem Befehl, dieselbe solle in 3 Kolonnen der Avantgarde folgen. Keith erhielt diesen Befehl durch Oelsnitz am 30. Sept. früh gegen 6 Uhr,[4]) und erreichte gegen 10 Uhr Türmitz. Von dort brach der König auf, als die übrigen Kolonnen nahe herangekommen waren;[5]) früher hätte er auch „wegen des grosen Nebels"[6]) nicht marschiren können. Wenn Bevern berichtet: „am 30. Sept.[7]) brach der König, **weil** ein dicker Nebel fiel, um 3 Uhr von Tirmitz auf," so ist diese Zeitangabe offenbar ein Versehen, wenn auch Tempelhof ihm gefolgt ist, der noch „Morgens" hinzufügt. Zu dieser nächtlichen Aufbruchstunde hätte doch der Nebel keinen Grund abgeben können[8]). Auch die Armee hätte in diesem Falle einen Nachtmarsch machen müssen, um in die Nähe der Avantgarde zu gelangen, der nirgends ausdrücklich erwähnt wird. Vor allem aber: der König kam erst gegen Abend nach Wellemin, und kann zu dieser ca. 15 km langen

---

[1]) K. k. Kriegsarchiv, Kabinets-Akten 9/34. — [2]) Nur das Reg. Anhalt u. das Reg. Garde hatten damals 3 Bat., die übrigen Reg. d. preuss. Armee 2. — [3]) Beverns Bericht. — [4]) Kyaus Bericht u. Bornstädts Tagebuch. — [5]) Corr. 13, 8143. — [6]) Kyaus Bericht.
[7]) Dass der König noch am 30. Sept. morgens in Türmitz war, beweist ein Brief von diesem Datum an den Prinzen v. Preussen, worin er ihn auf den Rapport von Oelsnitz verweist, den der Prinz also noch nicht gelesen hatte, und ihm dann mitteilt: „je ne marcherai pas ici avec l'avantgarde, avant que de vous voir dans la plaine." Der Schluss: „il fait tard" bedeutet ohne Zweifel: „es ist Zeit, dass der Feldjäger abreitet," nicht aber eine Zeitangabe; (Corr. 13, 8143). Auch dass der König Corr. 13. 8214, aber nur hier allein, sagt: „l'avantgarde marcha dès la pointe du jour" kann m. E. die Gegengründe nicht aufheben, die einen sehr frühen Antritt des Marsches so unwahrscheinlich machen.
[8]) Oder ist dies „weil" = „während" zu nehmen? Das ändert an der Sache natürlich nichts.

Strecke unmöglich 15 Stunden gebraucht haben. Die Wege waren zum grossen Teil doch „ziemlich gangbar," wie die Meldung eines Husarenoffiziers an Keith vom 28. Sept. sagt.[1]) Der König also marschirte mit der Avantgarde über den Kletschenpass in das Thal, in welchem das der Armee zum Rendez-vous bestimmte Dorf Wellemin liegt, dessen Name ihm ein gutes Vorzeichen dünkte, wie er seiner Schwester Wilhelmine schreibt,[2]) da er der ihrige gewesen![3]) Die Armee folgte wieder in 3 Kolonnen, in Aussig blieb die schwere Bagage zurück,[4]) „denn anscheinend werde man die Ehre haben, morgen die Herren Oesterreicher von Auge zu Auge zu sehen;" zu ihrem Schutze und zur Deckung der in Aussig errichteten Feldbäckerei wurde das 2. Bat. Zastrow und das Grenadier-Bat. Gemmingen bestimmt.

Die 1. Kolonne[5]) unter Keith bestand aus dem Gren.-Bat. Puttkamer, Reg. Itzenplitz, dem 3. Bat. Anhalt, 20 12pfünd. Kanonen und 10 Haubitzen unter Bedeckung des 1. Bat. Münchow, je 5 Schwadronen Gensdarmes, Prinz v. Preussen, Karabiniers, Rochow und 8 Schwadronen Baireuth; dann folgten die Proviantwagen, bedeckt vom 2. Bat. Münchow und 2 Schwadronen Baireuth-Dragonern. Keith marschirte über den Paschkopole-Pass,[6]) zwischen dem Kletschen- und dem Grossen Frantzberge. Jener Husarenlieutenant hatte am 28. Sept. den Abstieg vom Paschkopole, „auf eine kleine Viertelmeile" für Wagen unpassirbar gefunden, was aber nicht buchstäblich zu nehmen war, da doch auch das schwere Geschütz diese Schwierigkeit überwunden hat. Man wird aber in jedem Falle C. v. Decker zustimmen, der die Marschleistung der preussischen Artillerie hervorhebt, der man Bewegungsschwerfälligkeit im siebenjährigen Kriege überhaupt mit Unrecht nachsage. Einige „Panduren," die das Gren. Bat. Puttkamer mit leichter Mühe vertrieb, hielten den

---

[1]) „Rapport des Lieutenant v. Bayar" (Székely-Husaren) „au Camp 28. Sept. 1756"; Kriegsarchiv C. I, 24: „*Monseigneur, Les chemins de Karwitz, Hottowitz (Hottowics), Liney (Illinai), Tschima (Schima), Prosauken, Scholanten (Schallan?) et Borcslau j'ai trouvé assez practicables, jusqu'au pied de la Montagne Paschkopole, ou il commence d'être moins facile, étant bordé presque continuellement des deux cotés par des Buttes et des bois, et le Terrain partie fangeux ou pierreux, quoique ces pierres ne soient pas assez grosses ny considerables pour empêcher le charriage, jusqu'au haut de la Montagne, et ensuite jusqu'à un quart de lieu en descendant vers Aujest (Aujesd), où j'ai trouvé le bout de chemin, par où mes guides m'avaient conduit, impracticable à des chariots, puisque c'est une espèce de Ravinne d'un petit quart de lieu de longueur, dont la descente est roide et très penchante, de sorte que l'on risque de verser plus d'une fois*" etc.
[2]) Corr. 13, 8152. [3]) Das Dorf wird in den Berichten meist „Welmina" genannt, doch schreibt auch die Oesterr. Gen.-St.-Karte „Wellemin." — [4]) Corr. 13, 8143. — [5]) Gaudi.
[6]) Nach der Volkssage genannt von 2 Räubern, Paschko und Pole; s. „Der Bezirk Lobositz," Prag 1876. —

Marsch nicht auf; doch kam die Kolonne[1]) erst gegen 8 Uhr bei Wellemin an.

Die 2. Kolonne unter dem Prinzen v. Preussen nahm denselben Weg, wie die Avantgarde, ging also über den Kletschenpass;[2]) irrtümlich geben das „Journal" des Prinzen wie „Dequede" den Paschkopole an. Diese Kolonne bestand aus den Regimentern Hülsen, Manteuffel, Blankensee, Bevern, Kleist, und 20 12pfünd. Kanonen unter Bedeckung des 1. Bataillons Zastrow.

Die 3. Kolonne, hauptsächlich Cavallerie, unter dem Feldmarschall Gessler, sollte die ebene Strasse längs der Elbe einschlagen. Sie bestand aus dem Gren. Bat. Kleist und den Cürassierregimentern Driesen, Schönaich, Markgraf Friedrich und Leibregiment, mit je 5 Schwadronen. Die Elbstrasse aber war in schlechtem Zustande,[3]) und wurde ausserdem vom rechten Ufer her, „durch Panduren"[4]) — wohl den Truppen Lacys (s. u.) — beunruhigt, wogegen das Terrain allerdings gar keinen Schutz gewährt, so dass auch diese Kolonne den gleichen Weg nahm, wie die Avantgarde, und sich zwischen die Infanterie und die Artillerie der 2. Kolonne einschob. Das 1. Bat. Zastrow kam so an die Queue.[5])

Diese teilweise Vereitelung der wohlerwogenen Anmarschdisposition des Königs, — die Scharnhorst mit Recht besonders rühmt, — die Nichtausnutzung der dritten auf Wellemin führenden Strasse, hat es verschuldet, dass die letzten Truppen erst sehr spät ihr Marschziel erreichten.

„In der Gegend[6]) zwischen Aujest und Kudumirz"[7]) (Weiss-Aujesd und Kottomirsch) sah der König das österreichische Lager zwischen Lobositz und Sullowitz.

---

[1]) Kyaus Bericht.
[2]) Auch der König sagt zwar Corr. 14, 8378: „à peine l'avantgarde fut-elle sur les hauteurs du Pashcopole" (und dem folgend in der „Histoire:" „à peine l'avantgarde eut-elle gagné la croupe du Pashcopole"); dem aber stehen die Angaben in den 3 ersten Relationen gegenüber, wo es heisst: „J'ai donné l'ordre à l'armée de me suivre par deux colonnes, l'une par el Pashcopole; l'autre par le chemin que mon avantgarde avait tenu (also doch auf einem anderen, als dem P.) Corr. 13, 8144 und 8151; oder (Corr. 13, 8214): Il (der König mit der Avantgarde) marcha à Turmitz — l'armée le suivit sur deux colonnes l'une passant le Pashcopolo, l'autre suivant la route de Turmitz: diese ist also eine andere als der P. — Ferner sagt Bevern ausdrücklich, die Avantgarde (und ihr folgend die 2. Kolonne) sei über Kletschen marschiert, was auch das sachgemässte war, da der König so in der Mitte der 3 Kolonnen blieb, in denen er hatte marschiren wollen (s. u.) Die Verwechslung der beiden benachbarten Pässe liegt ja sehr nahe.
[3]) Beverns Bericht. — [4]) Corr. 13, 8144. — [5]) Gaudi. — [6]) Beverns Bericht. — [7]) In der Schreibweise der Ortsnamen folge ich durchweg der Oesterr. Generalstabskarte.

Der Feldmarschall Browne war am 14. Sept. von Kollin aufgebrochen, und hatte am 19. Sept. ein neues Lager bei Budin am rechten Ufer der Eger bezogen. Mit den eingeschlossenen Sachsen war er trotz der preussischen Blokade in beständiger Verbindung geblieben; das äusserst schwierige Terrain machte eine vollständige Absperrung fast unmöglich. Er hatte mit ihnen den Plan verabredet, bis Lobositz vorzurücken, von dort einen Vortrab über das Gebirge gegen Aussig, ja gegen Teplitz, vorzuschieben, „um solchergestalt desto mehr die vorhabende Entreprise zu maskiren," selbst aber mit 18000 Mann bei Leitmeritz über die Elbe zu gehen und bis Schandau zu marschiren, wo sich die beim Lilienstein auf das rechte Elbufer gelangten Sachsen mit ihm vereinigen sollten. „Ich werde mich in gehöriger Zeit abzusondern wissen, schreibt Browne am 28. Sept. von Budin an Brühl, um selbst das Kommando zu übernehmen, massen ich mit äusserstem Verlangen entgegensehe, mich Sr. Maj. in Person zu Füssen zu legen, und Ew. Excellenz nebst gesamter Generalität zu embrasiren!"

Der Feldmarschall Browne ist dem Vorwurfe nicht entgangen, er habe aus dem unzureichenden Grunde, noch leichte Truppen erwarten zu wollen, das Unternehmen bis zum Oktober verschoben und dadurch verdorben. Nun trafen die Verstärkungen erst allmählich ein;[2]) Ende September kamen noch: „5 Bataillone und eben so viel Grenadier-Kompagnien der Karlstädter und Bannalisten, sowie das Husaren-Regiment Haddik." Die ersteren waren freilich eine Verstärkung von sehr zweifelhaftem Werte. Browne beklagt sich am 6. Okt.[3]) dem Kaiser gegenüber bitter über die „Karlstädter:" „sie sind der grösste Schund, den man sich vorstellen kann; sie sind zu nichts gut, als um Unordnung zu verursachen, und sie gehorchen ihren Offizieren ganz und gar nicht und drohen sie auf der Stelle zu töten." Browne bittet dann, keine mehr ins Lager zu schicken, und statt ihrer Slavonier und Warasdiner marschiren zu lassen. Und an einer späteren Stelle sagt er:[4]) bisher sei die Disziplin so gut gewesen, dass nicht wegen eines Eies Klage eingelaufen sei: „bis zur Ankunft dieser Unglücks-Karlstädter, die zu nichts anderem gut sind, und die sich so weit haben gehen lassen,

---

[1]) Aster, S. 304.
[2]) Browne an den Kaiser, 30. Sept. k. k. K. C. A. 9/34.
[3]) K. k. K. C. A. 10/6: „Je dois ici représenter à V. M. que les Carlstadtiens sont la plus grande racaille qu'on puise imaginer, ils ne sont bons qu'à faire du désordre et n'obeissent point à leurs officiers, qu'ils menacent sur le champ de les vouloir tuer."
[4]) Ebenda: „Je puis assurer V. M. que jusqu'à present l'Armée il n'y a pas eu la plainte d'un oeuf, jusqu'à l'arrivée de ces malheureux Carlst., qui ne sont bons à autre chose et qui se sont émancipés jusqu'à voler les deserteurs Prussiens, mais dont je ne manquerai pas de faire des rigoureux exemples."

die preussischen Deserteure zu bestehlen; aber ich werde nicht ermangeln, strenge Exempel zu statuiren."

Mitte Sept. mangelte es noch an Artilleriemunition und Feldapotheken;[1]) ja, die endlich „mit Post- und Lohnpferden" ins Lager gebrachten Geschützkugeln waren nicht kalibermässig, sodass Browne von Niederlegung des Kommandos gesprochen haben soll! So hatte er wohl guten Grund, nichts zu übereilen, wie er denn schon Mitte Sept. erklärte: er habe Befehl erhalten, alles zur Befreiung der Sachsen aufzubieten,[2]) könne aber vor dem 12. Okt. nichts unternehmen. Auch dürfte der Aufschub kaum von Belang gewesen sein; der sehr von Zufälligkeiten abhängige Plan konnte im Sept. nicht weniger scheitern, als dies dann im Okt. der Fall war, wenn auch die Sachsen damals noch thatkräftiger waren, als späterhin. Thatsächlich war dies Zögern sogar vorteilhaft für die gemeinsame Sache: den in Böhmen zurückbleibenden, um das Ersatzkorps geschwächten Heerestheil hätte der König bei Lobositz, wo er ihn stehenden Fusses erwarten sollte[3]), zweifellos zersprengt und dann war Brownes Rückzug sehr gefährdet, auch wenn er sich mit den Sachsen hätte vereinigen können. —

Browne schickte am 25. Sept. den Obersten Grafen Lacy mit drei Bataillonen[4]), sechs Gren.-Comp. und etwas Cavallerie nach Leitmeritz voraus, „um das Land jenseits der Elbe gegen feindliche Streifcorps zu sichern;" dieses Detachement gedachte er dann „unvermerkt zu verstärken[5])." Er selbst ging am 30.[6]) mit Tagesanbruch auf drei Brücken über die Eger und marschirte in vier Kolonnen auf Lobositz[7]). Um zehn Uhr Vormittags nahm er dort sein Hauptquartier.

Das Städtchen Lobositz liegt unmittelbar am linken Elbufer, da, wo der Fluss von Osten nach Norden umbiegt, an der von Prag über Budin kommenden Strasse, die von Lobositz aus längs der Elbe nach Aussig, und von da über Peterswalde nach Sachsen (Giesshübel) führt. Eine zweite Strasse geht von Lobositz über Bilinka und Wellemin nach Teplitz, und dann über Zinnwald nach Sachsen.

Bei der Stadt fällt der Modl- (Morellen-) Bach in die Elbe, der von Westen her aus dem Gebirge kommend in einem etwas sumpfigen, umbuschten Thale fliesst. Kurz vor Lobositz macht der Bach eine grosse Schleife nach Südosten, nach dem Dorfe Lukawetz zu. Der Bach war im August 1888 ganz wasserarm (wie auch im Juli 1782, nach Scharnhorst), doch auch so für geschlossene Cavallerie ein Hinderniss. Die Teiche, die sich

---

[1]) Aster, S. 264. [2]) Aster, S. 292. [3]) Oesterr. Mil. Zeitschrift. [4]) Browne am 30. Sept. an den Kaiser. — [5]) Aster, S. 304 (Browne an Brühl). — [6]) Browne 30. Sept. an den Kaiser. — [7]) Oester. Mil. Zeitschr.

bei dem ca. 1500 m südwestlich von Lobositz am Modlbache gelegenen Dorfe Sullowitz und noch weiter oberhalb bei Tschischkowitz befunden haben müssen, sind heute nicht mehr vorhanden. Das rechte Ufer des Baches erhebt sich zu einer schwachen Terrainwelle, während sich auf dem linken Ufer eine ganz allmählich ansteigende Ebene ausbreitet, aus der dann die Basaltkegel des Mittelgebirges aufragen. Die Ebene ist heut von einzelnen Baumreihen durchzogen, sonstige Bewegungshindernisse finden sich jedoch nicht. So lässt sich die Lage des von den Quellen übereinstimmend erwähnten hohlwegartigen, zehn Fuss breiten Grabens[1]), der in der Schlacht eine wichtige Rolle spielte, nicht mehr bestimmen. Da sich dieser Graben in gerader Richtung von Sullowitz auf Lobositz gezogen haben soll, so wird er vielleicht durch den heutigen Weg zwischen beiden Orten bezeichnet, an dem auch eine Kapelle[2]) liegt, die gleichfalls genannt wird. Etwas östlich derselben geht ein zweiter Weg[3]) über die Schleife des Modlbaches, der dem hinter dem ersten Graben gelegenen zweiten entsprechen würde, den die Quellen[4]) anführen.

Bei Sullowitz führt noch heut eine steinerne Brücke über den hier etwas breiteren Modlbach. Sonst ist die Situation ganz verändert. Die Dorfgebäude decken heut den Uebergang vollständig gegen das Gebirge zu, während er damals von dort aus unter Feuer genommen werden konnte. Ca. 1500 m nordwestlich von Sullowitz erhebt sich der sanft geböschte, breite Homolkaberg, der die Ebene beherrscht, die er um etwa 100 m überhöht. An seinem Fusse, nach Norden zu, liegt das Dorf Wchinitz (Kinitz). Der Homolka ist ein Vorberg des Radositzerberges, dem nördlich der Lobositzberg gegenüberliegt. Zwischen diesen Bergen geht die Teplitzer Strasse nach Wellemin; die Kuppen des Lobosch und des Homolka liegen ca. 2400 m auseinander.

Der mächtige, isolirt stehende Lobosch besteht aus zwei, durch einen tiefen Sattel getrennten Hauptkuppen, dem 572 m hohen eigentlichen Lobosch und dem um 100 m. niedrigeren Kibitschenberge, dem sich noch eine 3. Kuppe, der Jungfernstein, anschliesst. Der Kegel des Lobosch ist sehr steil, von Geröll und Gestrüpp bedeckt; die obere Platte hat kaum 25 Schritt im Umkreis. Somit kann von einer eigentlichen militärischen Besetzung dieses höchsten Gipfels nicht die Rede sein, und sind hiernach alle derartigen Angaben zu berichtigen. Die Besetzung dieses Theils wäre ganz zwecklos, da die Feuerwirkung von oben sehr gering sein würde, wegen des bohren-

---

[1]) Corr. 13, 8144: „un terrible fossé." — [2]) „Journal" etc. — [3]) Dieser 2. Weg führt nach Schelechowitz. — [4]) „Holtzmann" etc.

den Schusses; die Besetzung kann sich vielmehr nur auf den Südostabhang erstreckt haben, der sich fast terrassenartig gegen den Kegel absetzt und dann allmählich nach dem Dorfe Welhotta an der Elbe und nach Lobositz zu abfällt. Es ist natürlich nicht ausgeschlossen, dass einzelne Züge auch den höchsten Gipfel erklommen haben — wie das ausdrücklich angegeben wird[1]), — um etwa zu verhindern, dass die Oesterreicher bei ihrem Flankenangriff den Preussen von hier aus in den Rücken kämen; aber für die eigentliche Stellung musste der Kegel unberücksichtigt bleiben.

Die Abhänge sind zum Theil mit Weinpflanzungen bedeckt, die damals von 3 hohen Mauern umschlossen waren; die Bruchsteine hat man heut zu Terrassirungen verwendet. Auch von den „Weinbergshäuschen", die den Preussen Schwierigkeiten machten, ist heute nur noch eine Weinpresse übrig. Der Westabhang, nach Wellemin zu, ist heut mit Niederwald schwach bestanden, der aber die Aufstellung von Batterien wohl gestatten würde, um das Debouchiren aus dem Thalkessel von Wellemin zu verhindern.

Es wird dies wohl damals nicht viel anders gewesen sein — nach den gleichzeitigen Karten zu schliessen, wenn auch zur Entlastung Brownes von Rothenburg[2]) z. B. das Gegentheil angenommen wird — als der Generalquartiermeister Graf Guasco am 30/9. der österreichischen Armee vorausgesandt wurde mit dem Auftrage, die Anhöhen von Lobositz zu besetzen, und kleine Abtheilungen gegen Aussig und Teplitz vorzuschieben. Dieser „Anführer, der so brav wie sein Degen, aber zum Unglücke auch nicht klüger war"[3]) begnügte sich damit, die Patrouillen vorzutreiben und mit seinen 1000 Kroaten von den Höhen nur die Weingärten des Lobosch, nicht aber diesen selbst auf dem dem Feinde zugekehrten Abhange, und ebenso wenig den Radositzerberg zu besetzen. Der „Veteran" sucht diese Unterlassung von dem Feldmarschall auf den Unterführer abzuwälzen. Da Browne aber, wie oben gesagt, am 30. Sept. schon Vormittags in Lobositz eingetroffen war, so hätte er ausreichend Zeit gehabt, sich von der Ausführung seiner Anordnungen zu überzeugen und die Besetzung nachzuholen, welche von entscheidender Bedeutung gewesen wäre.

Es wird die Stadt Lobositz vom Lobosch, dessen höchster Gipfel ca. 2250 m (3000 Schritt) von ihr abliegt, vollständig beherrscht und eingesehen, sodass die Stellung dort ohne den Berg auf die Dauer nicht haltbar ist. Ebenso verhindert die Ueberlassung des Radositzerberges an den Feind jede freie Bewegung von Sullowitz aus. Wollte also Browne dem Feinde, dessen Anrücken „mit allen Kräften"

---

[1]) Holtzmann-Hohenlohe u. A. — [2]) „Schlachtenatlas". — [3]) „Veteran".

ihm rechzeitg gemeldet wurde,[1]) Stand halten, — und er war überzeugt, dass er mit ihm „morgen handgemein werden" würde — so musste er unbedingt die Höhen stark besetzen: dann hatte er alle Vortheile der Stellung für sich. Aber er selbst schreibt dem Kaiser, er habe auf die Nachricht vom Anrücken des Königs „sofort noch am Abend die Strassen zu beiden Seiten und die Weinberge von etwa 1000 Kroaten auf jeder Seite"[2]) besetzen lassen; den Lobosch also etwa zum Schlüsselpunkte seiner Stellung zu machen, daran hat er gar nicht gedacht. Es dürfte ein vergebliches Bemühen des „Veterans" sein, Browne damit zu entschuldigen, er habe auf den Höhen nicht Stellung nehmen können, weil es da leicht war, ihn zu umgehen, und weil der Rückzug zu beschwerlich war. Der Umgehung konnte er rechtzeitig entgegentreten, da der Feind sich überall zwischen den Bergen durchwinden musste, und sein Rückzug war so schwierig nicht, da ja die Ebene dann hinter ihm lag.

Browne aber nahm seine Hauptstellung hinter dem Modlbach und besetzte Lobositz mit der Avantgarde. Sein rechter Flügel stiess bei Prossmik an die Elbe, und hatte Lukawetz im Rücken, stand also quer über die Schleife des Baches. Der linke Flügel hatte Sullowitz vor sich und reichte bis gegen das ca. 1600 m entfernte Dorf Tschischkowitz am Modlbach, dessen Teiche ihm hier zur Anlehnung dienten.[3]) Die Frontausdehnung betrug etwa 5000 Schritt. Browne hielt diese Stellung für „eine ausreichend gute."

Der König hatte zuerst bei Wellemin, die Front durch den Milleschauer Bach u. die Flanken durch das Gebirge resp. die Elbe gedeckt, eine Stellung nehmen wollen,[4]) welche die Strassen nach Aussig und nach Teplitz beherrschte, wohl um die Oesterreicher anlaufen zu lassen. Als er aber von der Passhöhe aus die Nichtbesetzung der das Debouché sperrenden Höhen bemerkte, beschloss er den Vormarsch ungesäumt fortzusetzen, um so die Ausgänge des Gebirges selbst in die Hand zu bekommen. In diesem kühnen Entschlusse liegt die Entscheidung der Schlacht, sehr wohl zu vergleichen mit der Be-

---

[1]) Browne 30/9. an den Kaiser: *P. S. „Je dois ajouter, Sire, que selon tous les avis et rapports, que je reçois depuis midi. l'ennemi avec toutes les forces qu'il avait du côté de Tyrmitz, Aussig et Peterswalde, s'avance vers moi, de sorte qu'il y a tout apparence, si cela je (wohl „se") confirme, que demain ou après demain nous en viendrons aux mains avec eux."*

[2]) Browne an den Kaiser: 2/10 *„Le Roi de Prusse — — s'est avancé vers moi — —; à cette nouvelle je fis sur les champ encore le soir occuper les avenues de deux côtés et les vignes par passe (sic!) mille croates à chaque côté."* —

[3]) Browne 30. 9. an den Kaiser: *„j'ai une position assez bonne ayant appuyé ma droite à l'Elbe et la gauche à un étang.* — [4]) Beverns Bericht.

setzung der Höhen hinter Jena durch Napoleon, die Hohenlohe zu sichern versäumt hatte. „Den glücklichen Ausschlag — — haben wir lediglich Sr. M. guten Disposition von Anfang die Höhen zu nehmen — beizumessen" sagt Kyau mit vollem Rechte in seiner „Relation". Da aber auch die Avantgarde erst gegen Abend bis Wellemin gelangt war, so schien es nicht angängig, bei dem schwierigen Terrain die Höhen selbst noch an diesem Tage zu besetzen. Der König ging aber sofort mit 4 Bataillonen (Quadt u. Braunschweig) bis in das Debouché vor, das er bei Bilinka u. Rizny-Aujezd besetzte, während der Herzog v. Bevern mit den 4 andern Bataillonen der Avantgarde (2 Anhalt, Gren.-Bat. Grumbkow u. Jung-Billerbeck) die Schlucht beim Dorfe Wopparn, am Nordfusse des Lobosch, nach der Elbe zu decken sollte. Die 4 Bataillone des Königs waren nicht ausreichend, die Gebirgsöffnung auszufüllen; so erhielt Bevern den Befehl, mit den 2 Bat. Anhalt wieder zu ihm zu stossen, was indessen bei der Dunkelheit und „weil das Terrain durch lauter Ravins und Defilés coupiret[1]) war", nicht rechtzeitig ausgeführt werden konnte, zumal die Armee indess herausrückte und Bevern kreuzte. Die Kolonne des Prinzen von Preussen war um $7^{1}/_{2}$ Uhr vor Wellemin schon aufmarschirt,[2]) das die Kolonne Keith kurz zuvor passirt hatte, als sie den Befehl zum weiteren Vormarsch erhielt, den sie bis etwa halbwegs von Wellemin und Bilinka fortsetzte. Das Regiment Blankensee, das nun an die Tête dieser Kolonne gelangt war, nahm der König zur Verstärkung, liess zu den 2. Gren.-Bat. bei Wopparn noch das Gren.-Bat. Kleist stossen, und stellte die Dragoner und Husaren der Avantgarde rechts hinter die 6 Bataillone im Debouché, über welche der Generallieutenant Graf Schmettau den Befehl erhielt, während Bevern bei der Armee blieb. Zur Deckung der rechten Flanke wurden das Reg. Itzenplitz und das Gren.-Bat. Puttkamer gegen das Dorf Boretz detachirt, um das Defilé zwischen dem Kahlen- und dem Suttomirberge zu sperren.

Den im Zelte des Königs sich versammelnden Generalen konnte noch keine Disposition für den folgenden Tag gegeben werden, weil es noch durchaus ungewiss war, was Browne mit seinem Vormarsche, der das Rencontre herbeigeführt, eigentlich beabsichtige.

„Es scheint aber, erzählt Westphalen, dass den König das Geschäft des folgenden Tages nur wenig beunruhigte, nachdem er einmal so weit gekommen. Er nahm voll guter Laune — etwas kalte Küche zu sich." Ich führe das letztere an, weil

---

[1]) „Journal". — [2]) Beverns Bericht.

man[1]) unter Bezugnahme auf eine Aeusserung des Marquis d'Argens[2]) (Brief vom 4. 10. 56) dem Könige als „persönliche Leistung" anrechnen will, 36 Stunden gefastet zu haben. Ich möchte doch darauf hinweisen, dass dies ein sehr zweifelhaftes Verdienst wäre, abgesehen davon, dass es von dem gar nicht anzuzweifelnden, ausdrücklichen Zeugniss Westphalens widerlegt wird. Für diese Enthaltsamkeit könnte doch nur eine grosse Aufregung des Königs als Grund erfunden werden, und damit ist aller möglichen Fabelbildung Thor und Thür geöffnet. Für den Feldherrn ist doch ohne Zweifel jeder äussere Beweis innerer Ruhe „rühmlicher." —

In der Nacht lief die Meldung[3]) ein: „der Feind bewege sich, und es schiene, als defilire er auf seiner Rechten; es könne wohl sein, dass er über die Elbe ginge." Ebenso besagte eine Meldung von Schmettau[4]): man hätte viele Laternen beim Feinde gesehen, die sich nach und nach verminderten, woraus er schlösse, dass die Armee zurückgegangen, und nur noch die *Arrière garde* da wäre." Das vorliegende Dorf Wchinitz hatte das zu seiner Besetzung abgeschickte Detachement Schmettaus vom Feinde okkupirt gefunden. Die Kroaten eröffneten in der Nacht von den Gehölzen am Lobosch her auf die Avantgarde ein Plänklerfeuer, „welches aber von keiner Consequenze war."[5]) Die österreichische Armee soll durch dieses Schiessen veranlasst worden sein, das Gewehr in die Hand zu nehmen."[6])

---

[1]) Darmst. Allg. Mil.-Zeitung 1886, No. 6 u. 7.
[2]) D'Argens schreibt am 4. Oct. 1756: *Toute l'Europe retentit du bruit de vos actions éclatantes, et les papiers publics lui ont déjà appris que c'est principalement à votre célerité, à votre courage, à l'étendu de vos lumières que sont dus les progrès et les victoires de vos armes. Il y a pourtant, Sire, une chose qui m'afflige. On dit que vous avez passé cavalièrement trente-six heures sans prendre aucune nourriture, et que vous ne vous êtes pas donné le loisir, la veille de la bataille, de manger un seul morceau. Je prie V. M. de songer à ce beau passage du Palladion:* „*Le pain fait le soldat*", *verité très-important. La gloire nourrit l'âme; mais il faut quelque chose de plus pour l'estomac, surtout lorsqu'il est faible, et que de la santé de cet estomac dépend le bonheur d'un grand État. Faites jeûner les Saxons tant que vous voudrez, j'y consens de très-bon coeur, mais n'allez pas donner pernicieux exemple de leur apprendre à se passer de manger.*" In seiner Antwort (Corr. 13, 8197) geht Friedrich zwar auf den letzten Punkt ein, indem er schreibt: „*Vous badinez de la famine des Saxons; mais il faut bien prendre ces gens par un bout, et c'est bien la façon d'apprivoiser un Luculle que de lui faire abstinence*" — von einem Fasten aber sagt er kein Wort, woraus der Verfasser des Aufsatzes in der „Allg. Mil. Zeit." allerdings ein *testimonium a silentio* entnimmt. Da d'Argens auch von „*papiers publics*" spricht, so ist durchaus nicht nötig, als seine Quelle den Lieutenant v. Oppen anzunehmen; und warum sollte nicht auch dieser des Königs Enthaltsamkeit übertrieben haben?
[3]) „Journal." — [4]) Gaudi. — [5]) Beverns Bericht. — [6]) K. k. Kriegsarchiv, Feldakten 10/3: „*A 2 heures après minuit — a été causé une tiraillerie, qui a fait mettre sous les armes notre armée.*"

Die Armee des Königs fand nach dem anstrengenden Gebirgsmarsche nur eine kurze Ruhe. Die bis gegen Mitternacht anlangenden Regimenter lagerten sich, so wie sie kamen, unter freiem Himmel und unter Gewehr, „die Zelte wurden nicht aufgeschlagen und die Bursche machten grosse Feuer."[1]) Mehrfach wird berichtet, die Cavallerie habe weder absatteln dürfen, noch futtern und tränken;[2]) namentlich das erste müsste als eine zu weit getriebene Vorsicht erscheinen. Ich möchte auch hier Westphalen Glauben schenken, der erzählt: „man ass und futterte, wie man konnte." Gewiss aber hatte der Gebirgsmarsch die Cavallerie besonders angestrengt, zumal ihre Hauptmasse an der Queue hatte marschiren müssen — sehr gegen die Absicht des Königs, wie gesagt — und also zuletzt zur Ruhe kam, sodass die Pferde jedenfalls nur mangelhaft abgewartet werden konnten.

Dem gegenüber hatten die Oesterreicher einen halben Tag Ruhe gehabt; der früh beendete Marsch von dem nur 2 Meilen entfernten Budin her kann nur wenig anstrengend gewesen sein. Noch in der Nacht liess Browne 2 Batterien südlichwestlich von Lobositz aufwerfen und mit schwerem Geschütz besetzen — wohl allmählich von der Wichtigkeit dieses „vorgeschobenen Postens" überzeugt.

An Zahl war er seinen Gegnern, die er allerdings zu hoch schätzte,[3]) überlegen, wenn auch, wie nachfolgende Berechnung zeigen soll, nicht sehr beträchtlich.

Stärkeverhältnisse und Ordres de bataille.

Bei dem unzureichenden Aufklärungsdienste der Observationsarmee Keiths war der König, als er unerwartet früh auf den Feind stiess, über die Stärke des österreichischen Heeres nur unvollkommen unterrichtet. Auch der Verlauf der Schlacht konnte ihm keine Gewissheit über die Zahl der Gegner bringen, da die feindliche Stellung zum grossen Theil unangefochten blieb. So kommt es, dass der König in seinen ersten Briefen den Feind auf 60 000 Mann schätzt.[4]) Wenn er noch in der

---

[1]) „Journal." — [2]) Holtzmann u. A. — [3]) Browne 2/10 an den Kaiser: *L'Armée du Roy* — „de 40 m combattants au moins (comme tous assurent)."

[4]) Auch sonst war man in der preussischen Armee von der Ueberlegenheit der Zahl der Kaiserlichen durchdrungen. So schreibt Bevern an Moritz v. Dessau: „Gottes Gnade ist nicht genug zu loben und zu verdanken (sic!), die uns so augenscheinlich geholfen und den Sieg erworben, denn die Parthie sonst wohl sehr inegal und alle mögliche Avantage auf feindlicher Seite gewesen."

„Histoire" der Meinung ist, seine Armee sei um die Hälfte schwächer gewesen, als die feindliche, so könnte man darin die lange Nachwirkung der übertriebenen Gerüchte von den österreichischen Rüstungen erblicken, die einmal Wurzel gefasst hatten. In Wahrheit war die Ueberlegenheit der Kaiserlichen auf dem Schlachtfelde keine bedeutende, eine viel geringere jedenfalls, als in den anderen Fridericianischen Schlachten.

Die *Ordre de bataille* der Armee Brownes ist zuerst als Beilage zu Beverns Bericht überliefert; fast genau stimmt mit derselben die in den „Relations"[1]) überein; eine dritte, die nur geringfügige Aenderungen in der Stellung der Generale enthält, bringt Henckel, eine vierte die Oesterreichische Militär-Zeitschrift, aus welcher sie das „Gen. Werk" übernimmt. In dieser letzten sind die Truppentheile anders vertheilt; auch findet sich hier die Notiz, dass die österreichischen Regimenter ihre dritten Bataillone in den Garnisonen zurückgelassen hätten — was auch Tempelhof[2]) gelegentlich mittheilt — sodass sich die Zahl der Bataillone um $^1/_3$ niedriger stellt, als sonst angegeben. Dem schliesst sich das „Gen. Werk" an.

Danach bestand die Armee Brownes aus 34 Bataillonen, 34 Grenadier-Compagnien zu Fuss, 69 Schwadronen, 12 Grenadier- und Carabinier-Compagnien zu Pferde, und 94 Geschützen. Die Streiterzahl wird übereinstimmend auf 33354 Mann mit 7672 Reitern angegeben, was von der Kopfzahl der im Kriegsarchiv befindlichen „Listen über die österreichischen Regimenter"[3]) nicht wesentlich differirt.

Als preussische Truppenzahl werden vom Könige, von Tempelhof, vom „Gen. Werk" u. A. 24000 Mann genannt. Wenn ich nun trotz dieses in Zahlen seltenen Einklanges zu einer höheren Berechnung bestimmt werde, so wurde ich zunächst durch einen Widerspruch bei Tempelhof darauf geführt, der sich zwischen seiner Stärkeberechnung von der gesammten Armee des Königs und der Angabe von 24000 Mann ergiebt, wenn man die *Ordre de bataille* von Lobositz berücksichtigt.

Die Armee, welche in Sachsen einrückte, war nach Tempelhof in 70 Bataillonen, 96 Schwadronen und 6 Artillerie-Compagnien 64285 Mann stark. Davon waren bei Lobositz 21 Musketier-, 4 Grenadier-Bataillone, 41 Schwadronen Cuirassiere, 20 Schwadronen Dragoner, und der grösste Teil von 10 Schwadronen Husaren. Die Musketier-Bataillone berechnet Tempelhof auf 700 Köpfe, die Grenadier-Bataillone auf ca. 600. Also waren die 25 Bataillone 17100 Mann stark. Die Cuirassiere

---

[1]) Dresden 1778. — [2]) Tempelhof, S. 225. — [3]) Königl. Preuss. Kriegsarchiv, C I 11.

zählten nach Tempelhofs Aufstellung mit der Garde du Corps Schwadron ca. 6850 Pferde, die Dragoner ca. 3300; von dem auf 1400 Pferde angenommenen Husarenregiment können wir für die Schlacht nur 850 rechnen.[1]) Die Cavallerie bestand demnach aus ca. 11000 Reitern. Zusammen wären das also 28100 Mann, oder mit Abrechnung der Verluste in den kleinen Scharmützeln und sonstigen Abganges ca. 28000 Mann. Stärkeren Abgang nimmt etwa Tempelhof nicht an; denn er argumentirt:[2]) „24000 Mann standen in Böhmen, folglich müssen die übrigen 40000 wohl um das süchsische Lager gestanden haben."

Nun waren vor Pirna 38 Bataillone (10 Grenadiere und 28 Musketiere) und 25 Schwadronen (5 Dragoner und 20 Husaren) geblieben, wie sich aus der *Ordre de bataille* der „Armee in Sachsen" ergiebt; also nach analoger Berechnung 25600 Mann Infanterie und ca. 3800 Reiter, im Ganzen 29400 Mann. 7 Bataillone (1 Grenadier und 6 Musketiere), 4800 Mann, standen auf der Operationslinie, davon 4 in Böhmen. Rechnet man diese beiden letzten Posten, zusammen etwa 34200 Mann, von der Gesammtstärke von 64280 ab, so bleiben ungefähr 30000 Mann übrig. Da indess in die Gesammtzahl bei Tempelhof 900 Mann Artillerie mit eingerechnet sind, von denen sich doch nur ein Theil bei Lobositz befand, so erhalten wir, mit Berücksichtigung des Abgangs, auch hier ein Resultat, das mit unserer ersten Berechnung von über 28000 annähernd übereinstimmt. Diese Stärke müsste also nach Tempelhofs eignen Aufstellungen die Armee bei Lobositz gehabt haben, und nicht 24000, wie er angiebt.

Auch im „Gen. Werk"[3]) findet sich ein Widerspruch bei den Stärkeangaben. Es wird dort gesagt, dass am 28. September, also 3 Tage vor der Schlacht, die Observationsarmee in Böhmen mit 29 Bataillonen und 71 Schwadronen nicht ganz 30000 Mann gezählt habe. Diese Angabe wird übrigens widerlegt durch die „Tageslisten"[4]) vom 27 September, nach denen 29 Bataillone „effektive zum Dienst" 20033 Mann hatten; wozu die 71 Schwadronen kämen, die man auf mindestens 11000 Reiter berechnen muss. Danach ist die Berechnung vom Oberst Kähler (Pascha)[5]) ohne Zweifel zutreffender, der für den 24. September für 28 Bataillone (das „Gen. Werk" muss das in Tetschen stehende Grenadier-Bataillon Ramin mitgezählt haben) und 71 Schwadronen 30800 Mann angiebt. Rechnet man nun von obiger Aufstellung des „Gen. Werks" die 4 nicht an der Schlacht betheiligten Bataillone ab, so bleiben auch hier zwischen 27000 und 28000 Mann übrig, wozu noch die Artillerie kommt,

---
[1]) s. u. S. 44. — [2]) Tempelhof, S. 87. — [3]) Gen. Werk S. 93. — [4]) Kriegsarchiv C I 24. — [5]) Handwörterbuch der ges. Milit. Wiss. v. Poten, 1878; Artikel „Lobositz."

und wieder nicht 24 000; die 4 Bataillone müssten denn 6 000 Mann stark gewesen sein!

Gewiss hat Tempelhof Recht, wenn er an einer andern Stelle ausführt[1]): „dass die Regimenter niemals so in die Schlacht gehen, wie sie auf der Liste stehen," sondern dass man einen Theil als Kranke, bei der Bagage Kommandirte und Deserteure abrechnen muss. Aber das trifft auf Seite der Oesterreicher ebenso zu, und kann daher mit Fug hier unberücksichtigt gelassen werden, was Tempelhof übrigens selbst, wie wir gesehen, gethan hat.

Nun müssten Tempelhofs Stärkeangaben aber sogar noch etwas erhöht werden, nach den „Tageslisten"[2]) vom 27. September 1756. Es wird hier die „Sollstärke" der Infanterie-Regimenter auf 1320 Musketiere angegeben (die prima plana stimmt mit Tempelhof überein), während Tempelhof nur 1220 angiebt. Auch die Grenadier-Bataillone haben hier eine etwas höhere Kopfzahl. Ebenso „sollen" die Reiterregimenter (nach einer Tagesliste von 21/10.) 780 Cuirassiere resp. Dragoner zählen, bei Tempelhof nur 720. Dieser Umstand gab mir auch Veranlassung, die Stärke der Armee des Königs beim Beginn des Feldzuges auf 70 000 Mann anzugeben, während Tempelhof nur 64 000 berechnet.[3]) Die Lösung dieser Differenz liegt sehr wahrscheinlich darin, dass Tempelhof die etatsmässige Stärke angiebt, während die „Tageslisten" natürlich auch die „Ueberkompletten" anführen, welche also 10 Mann pro Compagnie und Schwadron zählen. Die „effektive" Stärke aber gleicht diesen Unterschied fast aus, und so ergiebt sich aus den „Tageslisten" mit Sicherheit, dass die 25 in der Schlacht betheiligten Bataillone 4 Tage zuvor 17 120 Mann „effektive zum Dienst" was also mit meinem ersten Resultat fast genau übereinstimmt. Für die Cavallerie findet sich leider kein Rapport vor der Schlacht (ausser für das Székelysche Husaren-Regiment); doch dürfte man berechtigt sein, in analoger Berücksichtigung der höheren Kopfstärke und des von Tempelhof dafür ausser Acht gelassenen Abgangs, ihre Stärke, wie oben, auf über 11 000 Pferde anzusetzen. Der Abgang bestand hauptsächlich in Deserteuren, deren, wie Browne dem Kaiser am 30/9. berichtet,[4]) täglich im österreichischen Lager ankamen; wie denn auch der Toggenburger dort bereits „bei zweihundert" antraf. Es standen also bei Lobositz ca. 28 000 Preussen etwa 33 000 Oesterreichern gegenüber. Aber die preussische Infanterie, der die Terrain-

---

[1]) Tempelhof S. 169. — [2]) Kriegsarchiv C I 24.
[3]) Auch Aster giebt (S. 118) diese höhere Zahl, nach dem „Tagebuch" aus „Hohenlohes Nachlass" (Kriegsarchiv C II 11), was er im Sächs. Staatsarchiv bestätigt findet. —
[4]) Browne 30/9: „Il arrive journellement des déserteurs."

verhältnisse die Hauptlast des Tages zuwiesen,¹) war um ⅓ schwächer als die kaiserliche: 17000 gegen 25500. Und der überlegenen preussischen Cavallerie war es nur vorübergehend vergönnt, den österreichischen Reitern ihre Stärke fühlbar zu machen.

Interessant ist es, dass beide Theile nach der Schlacht dem Gegner grosse Uebermacht an Artillerie zuschreiben, während die Geschützzahl auf beiden Seiten fast die gleiche war: 102 gegen 98. Decker giebt den Oesterreichern 34 schwere Geschütze und 60 Bataillons-Kanonen, dazu die 4 Einpfünder der 4 Grenzbataillone, „was füglich ausser Acht gelassen werden kann;" den Preussen 40 12Pfünder und 10 10Pfünder Haubitzen, davon 52 Bataillons-Kanonen. Es geschah wohl zum 1. Male, dass von dieser Waffe in grösseren Massen Gebrauch gemacht wurde.

Besonders scheinen über die österreichische Artillerie die übertriebensten Vorstellungen verbreitet gewesen zu sein. So schreibt der König am 2/10. ironisch an Schwerin:²) „er habe sich vor den 700 Kanonen der Oesterreicher nicht gefürchtet," und vorher³) einmal: „es sei sicher, dass man den 3. Theil ihrer Kanonen nehmen werde, bevor die Oesterreicher Zeit gehabt, sie zu richten und abzufeuern." An Moritz von Dessau aber schreibt er:⁴) „wegen seine (Brownes) Menge Kanonen — habe ihm nicht getrauet zu verfolgen." Auch der Prinz von Preussen⁵) hebt die grosse Zahl Artillerie hervor, „die geschwinde schiesst"; sie habe kleines Kaliber, „aber sie schiessen von sehr weitem damit." —

Was die preussische *Ordre de bataille* betrifft, so wird sie überall fast übereinstimmend überliefert. Es handelt sich nur um den Unterschied, ob 25 oder 26 Bat. in der Schlacht gewesen sind, und ob das Husarenregiment Székely mit allen Schwadronen an derselben teil genommen hat. Im „Gen. Werk" fehlt das eine Bat. Münchow, dem Gaudi und Tempelhof seine Stelle in der Marschordnung zuweisen. Auch die „Verlustliste der „Danziger Beytraege" führt das „Regiment" Münchow auf, während es vom Reg. Zastrow, dessen 1. Bat. bei Aussig zurückgeblieben, ganz korrekt nur ein Bat. nennt. Diese kleine Verschiedenheit wird durch die (von Holtzmann-Gaudi unterstützte) Annahme behoben, dass das eine Bat. Münchow, welches an der Queue der 1. Kolonne marschirt war, bei Wellemin zur Deckung der Brotwagen stehen geblieben ist, und somit an der Schlacht nicht unmittelbar teil genommen hat. Die vom

---

¹) Retzow: „Der nicht zahlreichen Infanterie waren die Gefahren wie die Ehre des Tages allein bestimmt!"
²) Corr. 13,8144. — ³) Corr. 13,8041. — ⁴) Corr. 13,8146. —
⁵) „Journal".

König durchweg genannte Zahl von 24 Bat. wird dadurch erklärt und modificirt, dass das Bat. Zastrow, welches zur Deckung der Bagage gedient hatte, erst während der Schlacht in die Linie einrückte.

Von den 10 Schwadronen Székely-Husaren werden meist nur 8 Schw.,[1]) vereinzelt auch nur 400 Husaren angeführt. Das „Gen. Werk" aber, nach Gaudi, nennt mehrfach alle 10 Schwadronen. Spricht schon die Wahrscheinlichkeit dafür, dass bei Aussig etc. auch Husaren zurückgeblieben sind, um die Verbindung aufrecht zu erhalten und zu patrouilliren (was auch Holtzmann angiebt), so wird die Sache klar gestellt durch die Meldungen des Oberstlieut. v. Strozzi, der mit 300 Husaren nach Tetschen zum General Manstein kommandirt war.[2]) Noch am 30. 9. meldet Strozzi dem Könige,[3]) dass er „noch ohnumgänglich bis zum 3. 10. hier bleiben" müsse, „um die österr. Armee recht ausspioniren zu lassen," und vom Tage der Schlacht selbst liegt die Meldung einer Husarenpatrouille gegen Camnitz vor. — Diese 300 Pferde sind also abzurechnen. Da das Husarenregiment nach dem „Rapport" Székelys am 28. Sept. nur 1166 Pferde zählte, so bleiben für die Schlacht ca. 850 Husaren übrig, wobei das Resultat der obigen Berechnung wohl bestehen kann.

Bei der Verteilung der Truppenteile auf die einzelnen Generale finden sich einige Verschiedenheiten. Die hier folgende *Ordre de bataille* ist aus den von Bevern und von Dequede[4]) überlieferten combinirt.[5])

Der König.
Feldmarschall Keith.

Infanterie.
I. Treffen.
General der Infanterie Prinz v. Preussen.

Gen.-Lieut. Bevern   v. Kleist   Ferd. v. Braunschw.
Gen.-Majors v. Hülsen   v. Quadt.
2 Bat. Bevern   2 Bat. Blankensee   3 Bat. Anhalt
2 „   Kleist   2 „   Hülsen   2 „   Braunschw.
                 2 „   Manteuffel   2 „   Quadt

---

[1]) Corr. 13,8151 und 8214. [2]) Diese Stärke des Kommandos bezeugt auch der „Rapport" von Székely an Keith vom 28. Sept. Kriegsarchiv C I 24. — [3]) Geheim. Staatsarchiv R. 96. 90. V. — [4]) Henckels „Nachlass." [5]) An beiden Stellen fehlen Generale, die sicher an der Schlacht theilgenommen haben. Somit habe ich die Generale nach der Anciennität vom rechten Flügel ab rangirt, was nur ganz geringfügige Aenderungen bedingte und was dem Ueblichen entspricht, wenn auch freilich oft genug eine andere Vertheilung stattfand.

II. Treffen.

Gen.-Lieut.	Graf v. Schmettau.	v. Itzenplitz.
Gen.-Majors	v. Zastrow	
Gren.-Bat. Kleist		Gren.-Bat. Puttkamer
1. Bat. Zastrow		2. Bat. Itzenplitz
Gren.-Bat. Jung-Billerbeck		1. Bat. Münchow
„ „ Grumbkow		

Cavallerie.¹)
Feldmarschall Graf Gessler.
I. Treffen.

Gen.-Lieut. v. Katzler   v. Kyau
Gen.-Majors v. Lüderitz v. Driesen   v. Schönaich v. Pennavaire
Cuir.-Reg.Mrkgrf.Frdr. Schönaich Leib-Carabiniers Gensdarmes.
„ „ Leibreg. Driesen   Rochow   Pr.v.Preuss.
1 Schwadr. Garde du Corps.

II. Treffen.

Gen.-Lieut.	v. Schwerin	Graf Katte
Gen.-Majors	v. Oertzen	Graf Truchsess
	Drag.-Reg. Oertzen	Drag.-Reg. Baireuth
	„ „ Truchsess	

Husaren v. Székely.

Ordre de bataille der Kaiserlichen Armee (nach d. Oest. M. Zeitschr.)
Feldmarschall Graf Browne.
General-Quartiermeister Graf Guasco.
Generalmajor Graf Haddik.

Vortrab.
Bannalisten und Karlstädter.   34 Gren.-Compagnien z. F.
8 Carabinier-Compagn. z. F. 5 Schw. Haddik n. 4 Schw. Baranyai
(Husaren.)
I. Treffen.
Infanterie.
Gen. d. Infanterie Kolowrat (Cajetan)
Feldm. Lieut. Graf Starhemberg. Em. Kolowrat.
Gen.-Maj Graf Wied. Graf Peroni. Maquire.
Infanterie-Regimenter: Ludw. Wolffenbüttel, Harsch, Alt-
Wolffenbüttel, Durlach, Kaiser, Wallis, Harrach.

---

¹) Die preussischen Cavallerie-Regimenter hatten fünf Schwadronen; das Dragoner-Regiment Baireuth, wie die Husaren-Regimenter aber zehn.

Cavallerie.[1]

Gen. der Cav. Graf Luchesi.
Feldm. Lieut. Graf Radicati.
Gen. Maj. Odonel. Fürst Löwenstein.
Erzh. Joseph-Dragoner. Lichtenstein-Dragoner.
Cordua-Cuirassiers. Trautmannsdorff-Cuirassiers.
Anspach-Cuirassiers. Serbelloni-Cuirassiers.

II. Treffen.

Infanterie.

Gen.-Maj. Krottendorf. Wolfersdorf.
Infant.-Regimenter: Hildburghausen, Kolowrat, Nik. Esterhazy, Jos. Esterhazy, Keuhl, Waldeck.

Cavallerie.

Gen. Maj. Fürst Lobkowitz.   Hedwiger.
Cuir.-Reg. Erzh. Ferdinand.   Cuir.-Reg. Pretlack.
Cuir.-Reg. Stampach.   Cuir.-Reg. Palfy.

Corps de Reserve: Gen.-Major Graf Draskowitz:
2 Bat. Bannalisten, 2 Bat. Karlstädter
Detachement des Obersten Grafen Lacy:
Inf.-Reg. Browne und Anton Coloredo.
400 Karlstädter. 4 Gren.-Comp. z. F.

Die Schlacht.

In der Morgenfrühe des 1. Oktobers, eines Freitags, — das „Gen. Wort." sagt um 5 $1/2$ Uhr — ritt der König mit den „General-Lieutenants von der Armee" zum Recognosciren vor, in der Richtung auf die im Debouché postirten Bataillone. Unterwegs erhielt er die Meldung „dass man den Feind sich in der Plaine formiren sähe." Dies kann sich nur auf österreichische Cavallerie bezogen haben --- wie auch Tempelhof die von Bevern überlieferte Meldung modificirt — da sich von der feindlichen Stellung in der Dämmerung des Oktobermorgens noch keinesfalls etwas erkennen liess.

Auf diese Meldung hin befahl der König sofort dem Herzog v. Braunschweig, 6 Bataillone auf den Lobosch zu führen, und

---

[1] Die österreichischen Reiterregimenter zählten sechs Schwadronen.

ritt selbst zurück, um den An- und Aufmarsch der Armee zu beschleunigen. Dass der Herzog Ferdinand mit diesem Geschäft betraut wurde, berichtet Westphalen, und ähnlich auch das „Journal". Bevern giebt an, er habe den linken Flügel auf dem Lobosch formiren sollen, was wohl auch das natürliche gewesen wäre, da er dazu bestimmt war, diesen Flügel zu kommandiren. Da indessen Westphalen ausführlich erzählt, wie der Herzog Ferdinand selbst ein Bataillon den steilen Abhang hinangeführt, gegen Lobositz habe Front machen lassen, und durch eine geringe Vorwärtsbewegung die in den Weingärten versteckten Kroaten aufgestört habe, die sofort zu feuern begannen, und wie er dann „der Ordre de bataille" gemäss, seinen Platz Bevern überlassend, nach dem rechten Flügel geritten sei, so wird man diesem Braunschweiger die Ehre lassen müssen, gleichsam die erste Schlacht des siebenjährigen Krieges eröffnet zu haben.

Um 7 Uhr war die Armee in 2 Kolonnen herangerückt — der Weg mit Wellemin nach Wchinitz beträgt 5 klm — und entwickelte sich rasch zur Linie durch Deployiren „der Art sich zu entfalten, wo erst mit Divisionen (Zügen), dann mit halben, dann mit ganzen Bataillonen durch Herausziehen aufmarschirt wird"[1]).

Die Linie avancirte dann, wobei Wchinitz vom Feinde geräumt wurde, und nahm eine Stellung ein, die sich vom Hòmolkaberge, auf welchem der rechte Flügel stand, durch das Thal auf den Loboschberg zog, wo der linke Flügel bis zum Abhange nach der Elbe zu reichte. Für diese c. 4000 Schritt lange Strecke war der grösste Theil der Infanterie erforderlich[2]). Nur 6 Bataillone blieben als II. Treffen. Die Cavallerie formirte sich hinter der Mitte der Infanterie in drei Treffen: 41 Schwadronen Cuirassiere, wegen der Enge des Terrains in 2 Treffen, und 20 Schwadronen Dragoner; hinter diesen noch die Husaren.

Die Artillerie wurde in 6 Batterien vor der Front verteilt, 20 Zwölfpfünder fuhren am Hòmolkaberge auf, unmittelbar vor der Infanterie, die anderen 5 Batterien (20 12Pfünder und Haubitzen) an den Abhängen des Lobosch.

Der König hielt auf dem Homolkaberge, vor dem 1. Bataillon Anhalt[3]), das in 2. Linie auf dem rechten Flügel stand.

Der Feldmarschall Browne verstärkte am Morgen die Avangarde mit 6 Bataillonen und 6 Schwadronen vom rechten Flügel[4]). Auch das von Leitmeritz zurückgerufene Detachement Lacy's — 4 Bataillone und 4 Gren. Comp. z. F. — liess er davor stossen, sodass der „Vortrab" auf 10 Bataillone, 34 Gren. Comp. z. F. 15 Schwadronen (Erzherzog Joseph-Dragoner und Haddik- und

---

[1]) (v. Behrenhorst), Betracht. über d. Kriegskunst, 1797. S. 139 Anm. — [2]) Corr. 13,8144. [3]) Behrenhorst's Brief. [4]) Oesterr. Mil. Zeitschr. —

Baranyai-Husaren) und 10 Gren. und Carabinier-Comp. z. F. unter General Odonel[1]) anwuchs, d. h. fast $1/_{3}$ der Armee betrug, wobei sich die sämtlichen Elitetruppen des Heeres befanden. Dazu kamen noch die „paar tausend" Kroaten in den Weinbergen.

Der rechte Flügel der Infanterie dieses „Vortrab" lehnte sich bei Welhotta an die Elbe, der linke reichte bis an einen Graben[2]), der sich von Wchinitz nach Lobositz gezogen haben soll; jenseits dieses Grabens standen die 20 Schwadronen (2 Comp. = 1 Schwadron gerechnet) unter dem Feldmarschalllieutenant Grafen Radicati; es war diese Cavallerie, welche den Preussen zuerst allein sichtbar wurde. Die Hauptmasse der österreichischen Reiterei war aber auf dem linken Flügel der Armee vereinigt: dorthin liess Browne noch am Morgen 2 Regimenter vom rechten Flügel abrücken, sodass sich daselbst 7 Regimenter (42 Schwadronen) unter dem General Luchesi[3]) befanden, während auf dem rechten (ausser den Schwadronen des „Vortrabs") nur 2 Regimenter (12 Schwadronen) verblieben. Der Grund für diese Anhäufung der Cavallerie auf dem Flügel, wo das Terrain eine Verwendung nach vorn sehr erschwerte, kann vielleicht in der Besorgniss Browne's vor einer Umgehung gesucht werden, die allerdings nur hier möglich war; nach der Flanke zu fand die Cavallerie günstiges Attackenfeld. Dort war es immerhin nicht gerechtfertigt, auf eine blosse Vermuthung hin Reiterei von der Ebene weg hinter eine Teichkette (die heute allerdings, wie gesagt, nicht mehr vorhanden ist) zu verpflanzen, und wird sich der Tadel, den die „Oesterr. Mil. Zeitschr." über den Feldmarschall desshalb ergiesst, kaum abweisen lassen.

Beim Anrücken der Preussen besetzte die Infanterie des Centrums die „Anhöhen" hinter dem Bache. Browne selbst befand sich auf dem rechten Flügel; die Infanterie des linken befehligte der Feldzeugmeister Kolowrat[4]).

Dem Kleingewehrfeuer in den Weingärten des Lobosch schloss sich bald die Kanonade an, die sich preussischerseits gegen die Cavallerie in der Ebene richtete. Ihrer Wirkung fiel gleich zu Anfang der General Radicati zum Opfer;[5]) der Generalfeldwachtmeister Fürst Lobkowitz übernahm die Führung

---

[1]) Browne 2. Oct. an den Kaiser. — [2]) Oesterr. Mil. Zeitschr.
[3]) Browne 2. Oct. an den Kaiser. — [4]) Browne 2. Oct. an den Kaiser.
[5]) Zum Andenken an die Schlacht ist die „Maria Einsiedel Kapelle" an der Teplitzerstrasse erbaut worden. Dieselbe enthält ein Bild der Schlacht, wo unter der thronenden „Maria Vergine" vor einem Hintergrunde spitzer Bergkegel ein Reitergetümmel dargestellt ist. Die italienische Inschrift deutet vielleicht auf eine Stiftung der Familie Radicati hin. Der General ist in Leitmeritz in der Stephanskirche in einem Marmorgrabmal beigesetzt.

der österreichischen Reiter.¹) Auch auf preussischer Seite wurde noch beim Aufmarsch der Generalmajor von Quadt „unweit des Prinzen von Preussen durch eine Kanonenkugel tödtlich blessirt."²) Das Geschützfeuer, das die Oesterreicher namentlich mit den Batterien bei Lobositz erwiderten, dauerte ununterbrochen fort, — „man habe niemals etwas ähnliches gehört" schreibt Browne dem Kaiser,³) — obwohl der Morgendämmerung ein dichter Nebel gefolgt war, der, für die Preussen wenigstens, jede Aussicht hinderte.

Ueber die Zeitdauer dieses Nebels, der auf die Entwicklung der Schlacht von grosser Bedeutung war,⁴) gehen die Nachrichten so auseinander, dass es nicht ganz leicht ist, darüber ins Klare zu kommen. Jch bin bei obiger Angabe Westphalen gefolgt, der erzählt: „es war den ganzen Morgen noch nicht recht hell geworden, und nun (nach dem Aufmarsch) verhüllte ein aufgestiegener starker Nebel alle entfernteren Gegenstände noch mehr," was auch Behrenhorst bestätigt, der schreibt: (nach dem Aufmarsch) „ein dicker Nebel bedeckte das Heer und die Gefilde."

Der König sagt: „der Nebel währte bis gegen 11 Uhr, und gänzlich zerstreute er sich erst, als das Treffen fast zu Ende war."⁵) Dem entspricht die Angabe der „Oester. Mil. Zeitschrift": „um 11 Uhr fiel der Nebel," während sowohl Browne⁶) wie der Bericht jenes höheren österreichischen Officiers⁷) sagen, um 7 Uhr habe sich bereits der Nebel gehoben, sodass man die Entwicklung der feindlichen Armee habe sehen können. Gaudi bleibt in der Mitte, indem er 9 Uhr als den Zeitpunkt bezeichnet, wo der Nebel anfing zu fallen; um diese Zeit lässt er auch die Cavallerie-Attacken beginnen, die so ohne Zweifel zu früh angesetzt sind; sie hätten denn mehrere Stunden dauern müssen, da der sich an sie anschliessende Akt der Schlacht

---

¹) Browne 2. Oct. an den Kaiser. — ²) Kyaus Bericht.
³) Browne 2. Oct.: „*Le feu a été fort vif de tous les deux côtés, et la canonade des ennemis telle, que tout le monde convient de n'avoir jamais rien entendu de pareille.*" Auch Kyau schreibt, dass die Canonade „heftiger als in irgend einer Bataille, so ich erlebt" war.
⁴) Corr. 13, 8214: „*un gros brouillard qui nous empêchait de voir, devint l'obstacle le plus nuisible à l'action.*"
⁵) Der König schreibt: (Corr. 14,8378): „*on appercevait comme au travers d'un crêpe la ville de L. et dans la plaine deux colonnes*"; und dasselbe Bild hat — der Toggenburger: „von Ferne durch d. Nebel, wie durch einen Flor sahen wir feindliche Truppen auf einer Ebene" u. s. w.
⁶) K. k. Kriegsarchiv Cab. Akt. 10. Februar u. auch an Brühl (Aster. S. 329): „Des Morgens um 7 Uhr, als sich der Nebel zu verlieren angefangen." —
⁷) Feldakten 10. März: „*De la pointe du jour le brouillard nous a-t-empêché jusque vers les 7 heures de rien découvrir, mais s'étant dissipé nous avons vu pour lors l'armée ennemie se déployer.*"

jedenfalls erst gegen Mittag begann. Gaudi giebt aber hierbei eine ganz einleuchtende Beobachtung, die vielleicht den Unterschied der österreichischen und der preussischen Angaben über das Lichtwerden erklärt; er sagt nämlich: „zwar konnte man von der Höhe (wo also die Preussen standen) ins Thal hinunter nicht alle Gegenstände unterscheiden, im Thale selbst aber (wo die österreichische Stellung war) alles entdecken."

Als sich der Nebel also um 11 Uhr zu heben begann, konnte man von der preussischen Stellung aus erkennen, dass Lobositz von Infanterie besetzt sei, die eigentliche Position des österreichischen Heeres aber blieb auch „für bessere Augen"[1]) als die des Königs wie zuvor verhüllt.

Der König sah eine Bestätigung jener nächtlichen Meldungen vom Rückzuge der Oesterreicher in dem Verhalten der Cavallerie, die im Geschützfeuer Formationsveränderungen vornahm, ohne jedoch vom Platze zu weichen.

Retzow nimmt Anlass, in seiner „Charakteristik" in ironischer Weise von dieser Annahme des Königs zu sprechen. Er sagt: „Ob der König, wie er selbst behauptet, sich habe schmeicheln können, der Feind habe sich zurückgezogen, ist ein Problem, dessen Auflösung ich zu unternehmen nicht wage," „die ihm bekannt gewordene Bestimmung der österreichischen Armee musste ihn vom Gegentheil überzeugen."

Nun war Brownes Stellung, da er die dominirenden Höhen genügend zu besetzen versäumt hatte, bei einem Angriff auf die Dauer nicht haltbar; auch verlor er in so unmittelbarer Nähe des Feindes alle Bewegungsfreiheit, vor allem durfte er nicht daran denken, eine nennenswerthe Detachirung zu Gunsten der Sachsen vorzunehmen.

Dies hat Browne auch selbst ausgesprochen; am 4/10. schreibt er dem Kaiser aus Budin:[2]) „wenn ich selbst rücksichtlich der anderen Unzuträglichkeiten auf dem Schlachtfelde hätte verbleiben können, so hätte ich doch immer mit dem Gros der Armee hierher zurückkehren müssen, wegen der sächsischen Angelegenheit." So wäre von ihm entweder der Angriff zu erwarten gewesen, wenn er hoffte, den unbequem nahen Gegner verjagen zu können, oder aber das Vermeiden einer Schlacht, die ihn in jedem Falle schwächen musste. Keineswegs war es also undenkbar, dass er mit kühnem Entschluss über die Elbe ging,[3]) um die Sachsen zu befreien. Gelang es ihm, den König

---

[1]) Corr. 13, 8144.
[2]) Browne 4/10. „si j'avais même pu rester sur le champ de bataille par rapport aux autres inconvenients, il m'aurait toujours fallu revenir ici avec le gros de l'Armée pour l'affaire des Saxons."
[3]) „Journal": Le Roi — crut effectivement que l'armée du Maréchal Browne avait passé le pont" (bei Lobositz.) —

zu täuschen, so hatte er einen Tag Vorsprung, der vielleicht genügte, sich mit den Sachsen zu vereinigen, ehe ihn der nachsetzende König erreichen konnte; ob er diesen dann bestanden hätte, ist eine andere Frage.[1] — So war es für den König, einer sehr gerechtfertigten Vermuthung folgend, allerdings geboten, sich Gewissheit darüber zu verschaffen, was hinter dem Cavallerieschleier etwa verborgen sei. In diesem Sinne befahl er, nachdem das Geschützfeuer mehrere Stunden ohne sichtbares Resultat gewährt hatte, eine Cavallerie-Attacke.

In seinem Briefe an Schwerin[2] sagt der König, er habe zuerst 30 Schwadronen vorgehen lassen. Auch der Prinz von Preussen[3] giebt 20 Schwadronen Cuirassiere und 10 Schwadronen Dragoner an. In der *„Relation de la Campagne de 1756*[4])

---

[1] Aus diesem Gedankengange wäre vielleicht auch die Entsendung des Majors v. Oelsnitz zu erklären, der, wie Kalckreuth nach einem Schlachtbericht von Oelsnitz (s. u. Exkurs) erzählt, mit „den vier Gren.-Bataillons" nach Salesl (etwa 10 klm nördlich von Lobositz a. d. Elbe) geschickt worden sei: dort sollte er, nach Kalckreuth, eine Brückenstelle recognosciren — eine Fuhrt befindet sich daselbst, die auch in der „Histoire" S. 98 erwähnt wird. — Dies konnte den Zweck haben, wenn Browne über die Elbe gegangen wäre, nun preussischerseits dort überzugehen, um den nordwestlich marschirenden Kaiserlichen in die Flanke zu fallen. Auf diesem Wege waren sie eher zu erreichen, als wenn man dort, wo sie selbst übergesetzt, nach dem jedenfalls von der Nachhut vertheidigten rechten Elbufer zu gelangen versucht hätte. Freilich aber unterliegt Kalckreuths Erzählung sehr starken Bedenken: zwar stützt er sich auf die beste Quelle, aber diese ist nicht vorhanden, und so seine Angabe nicht zu controliren. Drei der Grenadier-Bataillone standen in der Nacht bei Wopparn, wie wir gesehen, von wo Salesl in 1¼ Stunde zu erreichen ist; das Grenadier-Bataillon Puttkamer aber stand gerade auf der entgegengesetzten Seite, bei Boretz. In jedem Falle ist das Hin- und Hermarschirenlassen der ermüdeten Truppen sehr unwahrscheinlich, zumal die Rückberufung sehr früh hätte erfolgen müssen, da die Grenadier Bataillone beim Beginn der Schlacht zur Stelle waren, eher also, als der König über das Standhalten Brownes Gewissheit hatte. Auch will Kalkreuth hierbei wieder nur eine boshafte Anekdote anbringen, die er dem Oelsnitz'schen Berichte entnommen zu haben angiebt, was allerdings ein schlechtes Licht auf diesen werfen würde. Kalckreuth erzählt: „*Au moment qu'on s'acquittait de cette besogne (de reconnaitre si on pouvait y jeter un pont) on entendit le canon à gauche de l'armée. Oelsnitz dit aux commandeurs de ces grenadiers: „Maintenant il y a bataille, je n'ai plus rien à vous dire, allez où vous le jugerez à propos."* Da hätten zwei geantwortet: „*Nous sommes de la gauche, le combat s'engage là, ainsi nous allons à notre poste."* Kleist sagte: „*J'appartiens à la droite, mai le feu est à gauche, je vais à la gauche"; mais Grumbkow, plus exact: „J'appartiens à la droite et j'y vais," bien sur que sur la hauteur de Kinitz il ne pouvait rien lui arriver."* Es liegt auf der Hand, dass Grumbkow das unmöglich voraussehen konnte; aber er ist beim Könige gut angeschrieben, also muss er verdächtigt werden. Zur Ehre des braven Oelsnitz muss man annehmen, dass diese gänzlich ungereimte Anekdote lediglich der Erfindungsgabe Kalckreuths entsprungen ist.

[2] Corr. 13,8144. [3] „Journal" [4] Corr. 14,8378.

dagegen werden nur 20 Schwadronen genannt (so auch in der „Histoire").
Kalckreuth aber erzählt ausführlich, dass 8 Cuirassier-Eskadrons, und zwar die Garde du Corps-Schwadron, das Regiment Gensdarmes und zwei Schwadronen vom Reg. Prinz von Preussen, sowie 10 Schwadronen Dragoner den ersten Angriff gemacht hätten. Diese Angabe erhält ihre fast vollständige Bestätigung durch die Relation und den Brief des Generallieutenants v. Kyau. Kyau schreibt dem Prinzen Moritz: „mir wurde dahero (weil der König es „für eine *pure affaire d'arrière garde*" hielt), als der ersten Brigade rechten Flügels,[1]) aufgetragen, diese Escadrons zu attaquiren, wozu Ihre Majestät mir 8 Schwadrons zu nehmen befehlen liessen (in der „Relation" noch genauer: „express nur 8 Escadrons"), und sollte mich der General-Lieutenant Katt und Generalmajor Graf Truchsess mit denen gegenwärtigen 8 Escadrons von Baireuth[2]) southeniren. Ich zog mich demnach mit dem würdigen Generalmajor Pennavaire mit der Escadron Garde du Corps, 5 Escadrons Gensdarmes und die (sic) beiden ersten von Prinz v. Preussen um die Höhe unseres rechten Flügels Infanterie in einem bergicht- und difficilen Terrain herum, und that damit die erste Attaque auf den Feind" u. s. w. Die Zuverlässigkeit Kyaus hängt davon ab, ob er wirklich jene 1. Brigade in der Schlacht geführt hat. Daher muss ich einer Angabe v. Schönings[3]) gegenüber, die Garde du Corps sei mit den Gensdarmen zusammen beim Einmarsch in Böhmen in eine Brigade unter Schönaich und Katzler gekommen, und habe „in dieser Aufstellung" bei Lobositz „redlich das Ihrige zu dem schwer erstrittenen Erfolge beigetragen" (während sie vorher unter Kyau und Pennavaire gestanden), ausdrücklich betonen, dass diese Aenderung jeder mir bekannten *Ordre de bataille* widerspricht. Schöning selbst hat an einer anderen Stelle eine Bemerkung, die jene Angabe direkt widerlegt. In der Schönings Buche „des General-Feldmarschall v. Natzmer Leben etc." eingefügten „Selbstbiographie von Fr. Alb. Graf v. Schwerin" sagt dieser (S. 436): „den 1. Oktober 56 (also bei Lobositz) war Katzler (der Chef des Reg. Gendarmes) nicht bei uns, er commandirte links, und wir waren rechts" u. s. w., „nach der Bataille kam unser General von seiner Brigade wieder zu uns". Dieser Graf Schwerin aber führte als Major das Reg. Gendarmes (dessen Commandeur und Chef er später wurde) in der Schlacht, nachdem der Oberst (v. Holtzendorff)

---

[1]) Kyau war der älteste Gen.-Lieut. von der Cavall.
[2]) Zwei Esc. Baireuth befanden sich bei der Bagage, wie die „Relation" berichtet, doch sieht man nicht recht, warum diese sich nicht wieder zu ihrem Regimente gefunden hatten.
[3]) „Gesch. des Reg. Garde du Corps" S. 66.

gefallen und die beiden älteren Majors (v. Oppen und v. Bredow) blessirt waren; er ist also auf das genaueste unterrichtet. Dennoch bringt Schöning eine obige Angabe mit einer Modifikation schon hier vor (S. 472) „der König stellte das Regiment (Gensdarmes) mit den Gardes du Corps während der Schlacht in das 1. Cavallerie-Treffen (da war es ja immer gewesen!) unter Katzler und Schönaich." Aber auch Westphalen nennt Kyau als den General, der die erste Attacke commandirte, sodass wohl kein Zweifel darüber bestehen kann, dass Schöning sich geirrt hat.

Nach diesen positiven Zeugnissen von Kyau und Kalckreuth wird man also die Angaben des Königs berichtigen müssen. Es ist auch natürlich vollständig gleichgültig, ob 20 oder 16 Schwadronen vorgeschickt wurden; das wesentliche ist, dass der König nur einen verhältnissmässig kleinen Theil der Cavallerie vorgehen liess, und nicht etwa, was sogar das „Gen.-Werk" noch unentschieden lässt, seiner ganzen Cavallerie ins Ungewisse hinein loszubrechen befohlen hat.

Kyau war ein tüchtiger Reiterofficier, der die geschlossene Attacke — *attaque en muraille* — eingeführt haben soll,[1]) scheint aber etwas dazu geneigt zu haben, gegen erhaltene Befehle „allerunterthänigst zu remonstriren." Hatte ihm schon im Sommer der König ins Gedächtniss rufen müssen:[2]) „dass prompter Gehorsam der erste Artikel des preussischen Dienstes ist", so empfing er jetzt auf seine Meldung:[3]) „bei Lobositz sähe man Bärenmützen" (der österreichischen Grenadiere) einen sehr ungnädigen Bescheid, der ihn veranlasste, „sich ungesäumt in Bewegung zu setzen."

Damit begannen jene Cavallerie-Attacken, die trotz des Misslingens nicht unehrenvoll für die preussischen Reiter waren, denselben aber doch so viele Opfer brachten, dass die deprimirende Wirkung noch im Anfang des folgenden Feldzugs bei Prag und namentlich bei Kollin wahrzunehmen sein dürfte.[4])

Die Attacke scheint so angelegt worden zu sein, dass das Dragoner-Regiment Baireuth,[5]) die Cuirassiere als II. Treffen

---

[1]) Behrenhorst, Betracht. über die Kriegk. S. 144.
[2]) Corr. 12,7791. Kyau war aus sächsischen Diensten übergetreten.
[3]) Westphalen, S. 157.
[4]) Bei Prag misslangen zwei Attacken der preussischen „Cavallerie" des linken Flügels, der Cuirassiere des Prinzen Schoenaich, die bei Lobositz wenigstens zum Teil gewesen waren; erst die Husaren u. Dragoner unter Zieten waren erfolgreich. — Bei Kollin aber waren es die Cuirassiere Pennavaires, die vor dem feindlichen Feuer zweimal Kehrt machten, und die der König selbst nicht wieder heranbringen konnte; es war das Cuir.-Reg. Prinz v. Preussen, welches fliehend das Infant.-Reg. Bevern überritt, womit die Katastrophe begann. —
[5]) Das berühmte Reg. hiess seit 1731 officiell: „Markgräflich-Baireuthsches Dragoner-Regiment"; von 1769 an aber: „Ansbach-Baireuth-

debordirend, in die linke Flanke des Feindes stossen sollte, „um ihn auf die Batterien von Lobositz zu treiben,"[1]) während die Cuirassiere in der Front anritten. Wie Kalckreuth und das „Journal" übereinstimmend erzählen, kamen die Dragoner etwas zu spät, sodass die Gardes du Corps überflügelt wurden und stark litten. Auch Holtzmann sagt, „dass die zum Soutien bestimmten Dragoner nicht genugsam gefolget waren." Vielleicht enthalten auch die Worte Kyaus in seinem Briefe einen gewissen Vorwurf, wenn er schreibt: „Wie mich mein erwähntes Hintertreffen (eben die Baireuth-Dragoner) secundiret, überlasse der Feldmarschälle Keith und Gessler Zeugnisse," nachdem er vorher gesagt; er sei etwas überflügelt worden — was eben die Dragoner hatten verhindern sollen. Das „Journal" giebt als Grund an, die Dragoner hätten bemerkt, das Sullowitz von Infanterie besetzt sei, und deshalb gestutzt. Bestätigt wird dieser Vorwurf, wie es scheint, durch die Angabe Warnerys, der König sei nach der Schlacht mit dem Generallieutenant Schwerin und dem Generalmajor Truchsess so unzufrieden gewesen, dass sie ihren Abschied hätten nehmen müssen. Graf Truchsess war der „direkte Vorgesetzte" der Baireuth-Dragoner in der Schlacht; Otto Martin v. Schwerin aber, der das seitdem berühmte Regiment bei Hohenfriedberg zum Siege geführt, hatte an dieser Attacke, wie Kyaus Bericht zeigt, keinen Antheil; er müsste sich also bei einer späteren Gelegenheit des Königs Unwillen zugezogen haben. Beide Generale nahmen im Frühjahr 1757 den Abschied, 51 resp. 46 Jahre alt, und lebten Beide noch 20 Jahre, sodass der Grund, „wegen kränklicher Gesundheitsumstände", den das „Biogr. Lexikon" bei Truchsess angiebt, etwas zweifelhaft erscheint; bei Schwerin führt das „Lexikon" an: „man sagt, der Fürst Moritz v. Anhalt-Dessau sei die Ursache gewesen, dass er den Abschied gefordert habe," wofür ich keinerlei Anhalt finde.

Wie dem aber auch sei — die kaiserliche Cavallerie wurde geworfen, die Dragoner hieben die Gardes du Corps noch glücklich heraus.

„Nun sind sie fort",[2]) sagte der König befriedigt, der von der Höhe aus den Gang der Attacke vor Augen hatte.

Es scheint, dass schon vor diesem Angriff die beiden österreichischen Reiterregimenter vom rechten Flügel, Cordua- und Stampach-Cuirassiere, sich bei der Cavallerie des Vortrabs formirt hatten. Diese Verstärkung soll den König bestimmt haben, dem ursprünglich allein zur Attacke beorderten Regiment

---

sches Dragoner-Regiment." 1806 wurde es „Dragoner-Reg. der Königin," deren „L", wie bekannt, Kaiser Friedrich dem aus ihm entsandenen Pomm. Cuirassir-Reg. No. 2 verliehen hat.
[1]) „Journal." — [2]) Westphalen.

Baireuth noch die Cuirassiere beizufügen.[1]) Jedenfalls haben jene beiden Regimenter das Blatt nicht gewandt. Ihr Führer, der General Fürst Lobkowitz, wurde verwundet und gefangen, und namentlich das Regiment Cordua erlitt starke Verluste; seine beiden Standarten erbeuteten die Gensdarmes, nach tapferer Gegenwehr, wie der Gegner selbst bezeugt; weniger rühmlich soll sich das Dragoner-Regiment Erzherzog Joseph bezeigt haben.[2]) Wenn die „Oester. Mil. Zeitschr." die beiden frischen Regimenter (Cordua und Stampach) auf die durch das Feuer schon erschütterten preussischen Schwadronen einbrechen und diese werfen lässt, so widerspricht dem der grosse Verlust der Cordua-Cuirassiere, den auch oesterreichische Quellen[3]) bezeugen. Dass die Standarten bei der ersten Attacke genommen wurden, geht aus Kyaus Briefe hervor, wo er sagt, dass die 2. Attacke „kein Ehrenzeichen eingebracht," nachdem er vorher die Erbeutung „von 2 Estandarten von Cordua Cuirassiers" berichtet hat.

Bei der Verfolgung jedoch prallte die preussische Cavallerie gegen die eigentliche oesterreichische Stellung an. Sie erhielt Flankenfeuer von Sullowitz her, „und die in den Gräben und hohlen Wegen versteckte ungarische Infanterie' ward mit einem Male gleichsam lebendig, sprang hinter den theils bereits verfertigten ordinairen Feldgraben, theils denjenigen, so sie ge-

---

[1]) „Journal": *Ainsi pour finir cette tiraillerie, Il (le Roi) ordonna, que le Regiment de Bareuth sortit par les intervalles de l'Infanterie, pour tomber sur les flancs des escadrons ennemis et les replier ainsi sur leurs batteries près de Lob. Dès que le Reg. de Bareuth se mit en mouvement, l'ennemi forma son aile de Cavallerie — et forma trois lignes. Alors le Rois fit avancer — 20 escadrons de cuirassiers, qui commencèrent l'attaque. Le reg. de Bareuth voyant que le village de Sullowitz était garni d'Infanterie, ne partit pas en même temps que les Cuir., ce qui fut la cause que les Gardes du Corps furent débordés d'un Escadron et pris en flanc, ce qui leur couta cher, mais les Dragons vinrent encore à temps et les dégagèrent. La cavallerie autrichienne fut culbutée et souffrit beaucoup"* etc. (Nach dem 1. Exemplar im Kriegsarchiv, XXXIV. 53).

[2]) Anm. 2. Der Oberst Puttkamer schreibt an den Feldmarschall Buddenbrock am 4. 10.: „Kyau — — hat mir auf sein Ehrenwort versichert, dass sobald er mit dem feindl. Cuir. Reg. Cordua das Garaus nach tapfrer Gegenwehr gemachet, sei er auf die Josephinischen Dragoner gestossen, diese aber wären bei Erblickung seiner siegenden Reiter so decontenanciret worden, dass sie bei seiner Anrückung ihre Pallasche eingestecket und ohne den Angriff zu erwarten um Pardon gerufen" u. s. w. Mögen hier auch die Farben etwas stark aufgetragen sein, so muss doch die Sache einigen Grund haben. Auch hier kommt übrigens „der feindliche General herbeigeeilet" um das Reg. zu ermahnen, was an den General des österr. Cornets (s. S. 59) erinnert. Aufmerksam ward man preussischerseits gerade auf dieses Reg., weil der Erzherzog Joseph dasselbe besonders belohnt hatte. So schliesst Puttkamer: „Nun urtheile man, warum die Belohnung erfolgt? Vielleicht Sie in Zukunft herzhafter zu machen." (Kriegsarchiv C II 5).

[3]) Browne, 2. October an den Kaiser: „*Cordua est le Regiment qui a souffert le plus de tous.*" — s. auch S. 161 u. 162.

macht, heraus, feuerte auf unsre Cavallerie sowohl en Front, als en Flanke, welches mit einem horriblen Kanonenfeuer vergesellschaftet war."[1]) Gewiss ist die Cavallerie auch auf Terrainhindernisse gestossen, die sich vom Homolkaberge aus, vor Allem bei dem Nebel, nicht erkennen liessen; nach Holtzmann war „überdies das Terrain, welches sich von der Höhe ganz unie ansehen liess, allenthalben mit hohlen Wegen und Grabens coupiret;" und wie eine „Geschichte des Krieges" etc.[2]) eines ungenannten Verfassers, Beverns künstlichen Anlagen entsprechend, besagt, hatten die Oesterreicher „viele Gräben gemacht, deren Eingang schräg war, die aber hinten perpendikulär abgestochen waren. Es konnte also die Cavallerie hier nicht heraufsteigen, sondern die Oesterreicher hieben viele derselben Tod" (sic). Doch mag wohl die Phantasie die Schwierigkeiten, welche die preussischen Reiter ohne Zweifel fanden, weiter ausgemalt haben, zumal sie bei dem Nebel ganz überraschend an dieselben herankamen.

Gegen die wohl postirte Infanterie war nichts auszurichten, und die Cavallerie sah sich zum Rückzug gezwungen, den die „Oester. Mil. Zeitschr." als „eiligsten" bezeichnet, während die preussischen Berichte[3]) sagen, er sei „ohne Confusion" erfolgt, und man habe „noch eine Menge von Gefangenen mitgebracht."

Nun hatte der König seinen Zweck erreicht: es war kein Zweifel, die österreichische Armee stand noch vor ihm. Er schickte einen Adjutanten, um die Cavallerie zurückzunehmen.[4]) Aber noch ehe dieser den Befehl überbringen konnte, hatte sich die ganze Masse der preussischen Reiter in Bewegung gesetzt, um sich von Neuem auf den Feind zu stürzen.

„Mein Gott, was macht die Cavallerie da!" rief der König,[5]) als er dieses unerwartete und sehr unerwünschte Vorbrechen[6]) gewahrte.

Es war die der Zahl der Reiter nach bedeutendste preussische Attacke, die der an „Reiterstürmen" so reiche siebenjährige Krieg sehen sollte, eine der bedeutendsten, die überhaupt geritten worden sind. Bei Rossbach[7]) führte Seydlitz 38 Schwadronen, bei Leuthen Driesen 50, bei Zorndorf Seydlitz erst 53, dann 61 Schwadronen (gegen 8000 Pferde, da die Etats nicht vollzählig waren) auf einmal in den Kampf.

---

[1]) Beverns Bericht. — [2]) Kriegsarchiv A. B. 29. — [3]) Beverns Bericht, Westphalen; Kyaus Bericht, u. A.
[4]) Corr. 14, 8378: „Le Roi voulut dès lors remettre sa cavallerie en seconde ligne, mais avant qu'on pût lui porter cet ordre (in der „Histoire": „avant que l'aide de champ pût leur apporter les ordres du Roi") — elle donna pour la seconde fois."
[5]) Westphalen S. 158.
[6]) Corr. 13, 8144: „mes 60 escadrons sans attendre mes ordres et très fort contre ma volonté attaquèrent une seconde fois." — [7]) Gen.-Werk.

Hier waren es mindestens 59 Schwadronen, gewiss 10000 Reiter, die gleichzeitig attackirten, die gesammte „Cavallerie" des Heeres; das „Gen.-Werk" giebt, nach Gaudi u. a., sogar 71 Schwadronen an; doch scheint sich das Husaren-Regiment Székely ausserhalb des feindlichen Bereichs gehalten zu haben, wenigstens weist die Verlustliste dieses Regiment allein nicht auf. Jene „Nachrichten von den Feldzügen des jetzigen Czettritzschen Husaren-Reg.[1]) haben nur die lakonische Notiz: „Da wir denn den 1. Okt. der bekannten Lowositzer Bataille mit beiwohnten." — Kyau erscheint auch hier als der zuverlässigste Zeuge, der anführt, wie nach seinen 16 Schwadronen dann „sämmtliche 43 Escadrons Cavallerie (Cuirassiere) und Dragoner durch die Infanterie gezogen und alle mit dem Feinde zusammengekommen"[2]) seien. Dem entspricht die Angabe des Königs, der in dem Brief an Schwerin[3]) 60 Schwadronen nennt.

Der Grund für die nicht befohlene zweite Attacke wird sich psychologisch unschwer finden lassen. Die Cavallerie ist durch die Intervalle der Infanterie vorgezogen — jedenfalls zur Aufnahme der ersten Schwadronen; vor sich sieht sie auf dem freien Felde die alten Gegner, seit 11 Jahren zum ersten Male wieder Auge in Auge mit ihnen. Da strömen die Kameraden zurück, nicht entmuthigt, nur begierig, die Scharte auszuwetzen; waren es doch die glänzendsten Schwadronen der Fridericianischen Armee, Gensdarmen, Baireuth, Gardes du Corps! Gewiss ein an sich sehr löbliches kriegerisches Feuer,[4]) das sie nun vorwärts trieb; aber die höhere Leitung hätte diesen ungestümen Muth zügeln müssen. Und eben an dieser scheint es hier gefehlt zu haben. Der Führer der gesammten Cavallerie des Heeres war der 68jährige General-Feldmarschall Graf Gessler, der ruhmvolle Sieger von Hohenfriedberg. Dass auch ihn der allzu heftige Eifer, in die alten Lorbeerkränze frische Reiser zu flechten, fortgerissen hat, möchte ich lieber annehmen, als der Erzählung Kalckreuths[5]) Glauben beimessen, wonach der alte Feldmarschall, vom Könige wegen einiger Unordnungen in der ihm unterstellten Cavallerie „hart behandelt", sich in der Schlacht um nichts bekümmert habe, sondern den Tod gesucht. Die andern Generale aber seien nicht genügend instruirt gewesen, um die Cavallerie leiten zu können. Kalckreuth benutzt diese Gelegenheit, um die „Reitpeitschengeschichte",

---

[1]) „Ungedruckte Nachrichten" IV, 484. Dresden 1783. Doch wird hier über die anderen Schlachten auch ähnlich hinweggegangen, z. B. bei Rossbach nur gesagt: „wobei das Reg. den Ruhm erhalten, dass es seine Schuldigkeit rechtschaffen gethan."
[2]) Kyau: Relation und Brief. [3]) Corr. 13, 8144.
[4]) Corr. 14, 8378: *La cavallerie — — emportée par son impétuosité naturelle et par le désir de se signaler.* [5]) „Paroles" S. 40.

die schon bei Hohenfriedberg in Bezug auf Otto Martin v. Schwerin eine Rolle gespielt hat, wieder aufzuwärmen. Ich finde nicht, dass sie sonst irgendwie begründet wird, und verweise es somit in das Reich der Fabel, dass Gessler, seinem im Kreise der Officiere gegebenen Ehrenworte entsprechend, den Degen nicht mehr zu ziehen, die Schlacht mit einer Gerte in der Hand mitgemacht habe.[1]) Demgegenüber hebt Kyau in der „Relation" wie in seinem Briefe hervor: „des Feldmarschalls Grafen Gesslers Exellence hat zur Herstellung guter Ordnung alles erdenkliche gethan (was ein tapferer General je in der Welt hat thun können), und sich dabei ungemein exponirt." Das kann ihn aber von dem Vorwurfe nicht entlasten, seine Reiter nicht in der Hand gehabt zu haben — wenn es ein Vorwurf ist, kein Seydlitz oder Murat zu sein. Auch Gessler erhielt 1757 den Abschied, was aber sein hohes Alter hinreichend erklärt, sodass es nicht nothwendig ist, mit Warnery anzunehmen, Gessler habe bei Lobositz das Vertrauen des Königs verscherzt, und sei deshalb nicht mehr verwendet worden. Ebenso erscheint die Angabe Kalckreuths auf sehr geringer Wahrscheinlichkeit zu beruhen, dass Seydlitz, damals Oberst und Commandeur des Regiments Rochow-Cuirassiere, durch sein Vorbrechen das Signal zum allgemeinen Angriffe gegeben habe: denn es war ja gerade die Ruhe, „welche die Ereignisse kommen sieht und dann zugreift",[2]) durch die sich dieser Reiterheld bei all seiner sprichwörtlichen Verwegenheit in so hohem Grade auszeichnete.[3])

Diese gewaltige Reitermasse warf im ersten Anlauf die österreichische, nun 32 Schwadronen starke Cavallerie über den Haufen. Die Attake scheint die Richtung grade auf die Schleife des Modlbaches zu genommen zu haben, da allgemein „von den 3000 Schritt weiten Attacken" berichtet wird, und sie sonst schon am Bache hätte zum Stehen kommen müssen.

Die preussischen Reiter drangen ungeachtet des feindlichen Flankenfeuers noch weiter vor als zuerst, und kamen an jenen 10 Fuss breiten Graben; das Terrain war also gar nicht eklairirt worden. Dieser Graben bildete, — wenn wir hier der Erzäh-

---

[1]) Die Reitpeitschengeschichte weist auch Graf Lippe ab in seinem Aufsatze über Gessler im Militair-Wochenblatt 1874.

[2]) (v. Brandt). Die grossen Cavallerie-Angriffe etc., Berlin 1844. (S. 46).

[3]) In den Einzelheiten ist Kalckreuth hier ganz unglaubwürdig. Er spricht von einer „steinernen Brücke" über den „Sumpfgraben", die Seydlitz zuerst überschritten habe. Eine solche Brücke aber befand sich nur in Sullowitz, und konnte von der preussischen Cavallerie keinesfalls passirt werden. Seydlitz muss sich aber auch hier irgendwie ausgezeichnet haben; wenigstens nennt der Rheinsberger Obelisk auch „Lowositz" als eines der „Denkmäler seines Sieges." —

lung Kalckreuths folgen dürfen, der ja mit dabei war — ein erhebliches Hinderniss. Der diesseitige höhere Rand war fest, der jenseitige, niedere aber morastig, sodass die Pferde beim Niedersprung festsassen. Auf 300 Schritt hinter diesem lag ein zweiter Graben, der von Infanterie besetzt war, deren Feuer nun die in ihrem Laufe Gehemmten traf. In diesem schwierigen Augenblicke kam der Generalmajor Fürst Löwenstein mit den Cuirassierregimentern Pretlack und Anspach vom linken Flügel heran, dem der General der Cavallerie Graf Luchesi mit noch 2 Regimentern (Trautmannsdorff und Lichtenstein) folgte, die aber nicht mehr zum Eingreifen kamen. Die geworfenen österreichischen Schwadronen konnten freilich nicht mehr zum Stehen gebracht werden. Ein Cornet vom Anspach'schen Cuirassierregiment, ein gewiss hierin unverwerflicher Zeuge, erzählt in einem Briefe vom 6. Okt.[1]): „Unser Regiment wurde auf den rechten Flügel geholt, allwo wir uns sehr distinguirten, denn, wo wir dahin kamen, so kamen schon die Joseph'schen Dragoner in grosser Confusion zurück. Als der Fürst Löwenstein solches sah, wurde er entsetzlich wild und rief ihnen zu, sie sollten halten, es war aber vergebens."

Die preussischen Reiter aber hatten noch damit zu thun, sich aus dem Morast herauszuarbeiten und waren dem heftigsten Kreuzfeuer ausgesetzt, als sie der Stoss dieser frischen Schwadronen traf. So war der Rückzug geboten; nicht allen gelang der schwierige Sprung aus der Tiefe nach der Höhe, eine grosse Anzahl fiel in Feindes Hände. Wohl $^1/_{11}$ ihrer Kopfzahl hatte die Cavallerie eingebüsst. Auch 2 Generale hatten im Getümmel den Reitertod gefunden: den Generalmajor von Lüderitz hatte eine Kartätschenkugel getötet, und der Generalmajor von Oertzen war mit 3 Hieben in den Kopf unter sein Pferd gesunken, „das ihm auf die Brust und ins Gesicht trat, worauf am folgenden Tage sein Tod erfolgte."[2])

Gewiss ein niederschlagender Ausgang des stolzen Rittes! Doch war die Verfolgung nur schwach, denn auch die österreichische Cavallerie hatte gelitten. Die „Remarques"[3]) schreiben das Unterlassen der Verfolgung dem Umstande zu, dass die

---

[1]) K. k. Kriegsarchiv, Feldakten 10. 30.
[2]) „Biogr. Lexikon." Dem dicken General v. Driesen, dem Sieger von Leuthen, ging eine Kanonenkugel am Kopf vorbei; ob er dabei im Sattel geblieben, meldet das „Biogr. Lexikon" aber nicht.
[3]) Kriegsarchiv, XXXIV. 53.: „Si la caval. autrichienne eut pu franchir en ligne le fossé entre Sullowitz et la Chapelle, comme sans dout la Prussienne le fit en avançant et retournant, exercée comme elle est à des évolutions si vigonreuses, la Caval autr. avait pu profiter du desordre que leur canonade et decharges y avaient mis, en la poussant vertement et la renoversant sur sa propre infanterie; mais sans doute qu'elle passa le fossé en défilant."

österreichische Cavallerie nicht geübt gewesen sei, den Graben in geschlossener Front zu nehmen, sondern ihn einzeln passirt hatte, wodurch sie natürlich zu viel Zeit verlor.

Die preussischen Reiter setzten sich zwar vor der Infanterielinie „en bataille", doch war schon „wegen der grossen Mattigkeit der Pferde[1])" eine weitere Verwendung fürs erste ausgeschlossen, und liess ihnen der König die Intervalle der Infanterie öffnen, um sie wieder an ihren alten Platz zu stellen. Dass die Reiter sich verschüchtert an die Infanterie herangedrängt hätten, dass „die Groppe (Kruppe) ihrer Pferde noch die Kolben der Gewehre berührte" (wie diese beiden Objekte eigentlich zusammen kommen können, ist mir unerfindlich, da die Infanterie doch jedenfalls mit Gewehr bei Fuss stand,) erzählt zwar Westphalen — aber wohl nur um dem Herzoge Ferdinand die Energie zuschreiben zu können, er habe den Reitern gedroht, auf sie Feuer geben zu lassen, wenn sie nicht weiter vorrückten — was denn doch eine starke Uebertreibung sein dürfte.

Der mehrfach auftretenden Ansicht, Browne habe die preussische Cavallerie „in eine Falle gelockt", „alle Kunst entfaltet", und seine Reiter „à dessein"[2]) weichen lassen, ja er habe seine ganze Stellung schon zu diesem Zwecke[3]) genommen, kann ich nicht beitreten. Dem widerspricht die Verteilung seiner Cavallerie, und sind die österreichischen Reiter eben nicht „gewichen", sondern einfach überritten worden. Auch konnte Browne gar nicht wissen, wie sich der König verhalten werde, also ihm auch keine Fallen legen. Den preussischen Berichterstattern aber war der üble Empfang, den ihre Cavallerie gefunden, ein so überraschender, dass sie auf derartige Erklärungsversuche geführt wurden. Wie die Dinge sich gestaltet, war die österreichische Cavallerie allerdings für den König „eine Maske" vor der österreichischen Stellung gewesen; in sofern kann man seine Aeusserung, die der Oberst Puttkammer[4]), nach Hörensagen, überliefert, wohl verstehen: der König habe die Bravour der Cavallerie sehr anerkannt, dann aber hinzugefügt: „dass solche aber so ohnüberlegt und so naseweise auf die Canonen durch die ihnen vorgemachte Maske losgegangen, dafür wären sie bezahlet worden."

Dem Prinzen Moritz v. Dessau aber schreibt der König[5]): „Meine Cavallerie hat mehr wie menschlich gethan; allein der

---

[1]) Corr. 13,8146. — [2]) Bevern, Dequede, Journal, Holtzmann.
[3]) K. k. Kriegsarchiv, Feldakten 10/41, in einer sonst ganz verfehlten „Relation": *l'aile gauche ne présentait pas tout son front en ligne avec l'aile droite, mais faisait une espèce de potence dans une belle plaine à dessein d'y attirer les Prussiens*"; woran richtig ist, dass die oesterr. Stellung einen stumpfen Winkel bildete, wie es das Terrain bedingte. —
[4]) Kriegsarchiv C II 5. — [5]) Corr. 13,8146.

Nebel hat sie und mir verführet", ein Geständniss, dass in seiner Einfachheit den Stempel der Wahrheit trägt, und, für den König auf die erste Attacke beschränkt, vollständig einleuchtend ist.

Der König hatte gleich nach dem Aufmarsche dem Herzog v. Bevern den Befehl erteilt[1]): „dass er seinen Posten auf dem linken Flügel mainteniren, sich aber von demselben nicht herunterbegeben noch avanciren solle, sondern dass er (der König) ein Quart de Conversion machen und suchen würde, das vor ihm liegende Dorf (Sullowitz) zu importiren."

Dieser Befehl wurde eben unter der Annahme ertheilt, dass man es mit einer Arrieregarde zu thun habe; dann war die Bewegung mit dem rechten Flügel die geeignete, den Feind in die Elbe zu werfen. Ausführbar aber war dieser Plan nur dann, wenn das Dorf Sullowitz und die Höhen hinter dem Bache nur ganz schwach, also nur als Arrieregarden-Stellung, besetzt waren; sonst hiess ein Angriff auf das Dorf in der Front „den Stier bei den Hörnern packen", was Warnery, in gänzlicher Verkennung der Umstände, dem Könige bei dem grade entgegengesetzten Verfahren, dem Angriffe mit dem linken Flügel, wie er stattfand, zum Vorwurf macht[2]). — Eine Umgehung mit dem rechten Flügel musste so weit ausholen, dass sie bei der so wenig zahlreichen Infanterie des Königs nicht ins Auge gefasst werden durfte; denn ein Gegenstoss Brownes hätte die Mitte der preussischen Armee dann leicht durchbrechen und die einzige Rückzugslinie durch das Defilé abschneiden können.

Der König selbst erwähnt auch diesen Befehl gar nicht, sondern giebt grade das Gegenteil als seinen Plan an. Er schreibt an Schwerin[3]): „ich traf alle Vorsichtsmaassregeln, um die Infanterie des rechten Flügels gut zu sichern, da ich in ihr mein Heil und die Haupt-Sicherheit der Armee sah." Und weiter: „Ich hatte vor allem ein Auge darauf, die Höhe auf meinem rechten Flügel festzuhalten, was, wie ich glaube, die ganze Aktion entschieden hat." Dem Prinzen Moritz aber schreibt er:[4]) „Ich hoffe, dass mir auch die Officiers das Zeugnis geben werden, dass ich vollkommen meine Schuldigkeit dabei gethan habe; indem ich den Posten auf dem Feind genommen

---

[1]) Beverns Bericht.
[2]) *Warnery Camp. de Frédéric II*: „*La faute que l'on prétend que fit le Roi, fut de ne pas attaquer en force avec sa droite; c'était le seul moyen de remporter une victoire complette (sic) parceque, pour peu qu'il eût en d'avantage, il poussait l'ennemi contre l'Elbe, et — il aurait pu le prendre en flanc, ce qu'il ne pouvait avec sa gauche, à cause de l'Elbe, où oppugait leur droite, et où le terrain était plein de chicanes. Ainsi l'on peut dire, qu'il attaqua le taureau par les cornes.*"
[3]) Corr. 13, 1844. — [4]) Corr. 13, 1846.

und die Attaquen so dirigiret habe, dass ich den rechten Flügel beständig feste gehalten und nur mit dem linken, den ich zur Zeit verstärket, agiret habe."

Merkwürdig ist es, dass in den meisten Schilderungen der Schlacht die Einwirkung des Königs auf den Gang derselben vollständig zurücktritt. Es scheint sich nach denselben Alles wie von selbst, nach den Impulsen der Unterführer und selbst der Truppentheile entwickelt zu haben. Nur Holtzmann lässt den König Alles anordnen und thun, worin er selbst zu weit geht, und Kyau giebt ihm wenigstens in der Hauptsache das gebührende „Zeugniss." Von den Späteren bildet Lloyd eine in dieser Beziehung vortheilhafte Ausnahme, wie auch Scharnhorst die Thätigkeit des Königs hervorhebt, und betont, dass derselbe „im Allgemeinen Meister von den Bewegungen" geblieben sei. Ein passives Verhalten der Oberleitung ist auch undenkbar, zumal wenn sie in solchen Händen ruht, wie in denen König Friedrichs. Die Cavallerie war ihm freilich „durchgegangen"; aber in dem weiteren Verlaufe wird man nie die schlachtenkundige Hand verkennen, welche die Fäden leitete, die den Theilen des Heeres ihre Direktionen gaben. Gewiss kann der Feldherr in der Schlacht selbst nicht viel mehr thun, als die Truppen an dem geeigneten Punkte anzusetzen; das übrige muss er dem Walten des Kriegsgottes überlassen. Aber eben dieses Ansetzen ist das entscheidende Moment — seltene Fälle von besonderer Tapferkeit oder Feigheit ausgenommen; und dieses Verdienst, die Truppen auch bei Lobositz mit voller Absicht auf die entscheidende Stelle gelenkt zu haben, sollte dem grossen Könige nimmermehr verkümmert werden!

Der König hat also seinen Plan der Situation, wie sie die Cavallerie-Attacken aufgeklärt und wie sie der gefallene Nebel immer deutlicher erkennen liess, entsprechend vollständig geändert, nachdem er sich überzeugt, dass die österreichische Armee ihn stehenden Fusses erwarte, in einer Stellung, die den Angriff mit dem rechten Flügel nicht gestattete. Der linke preussische Flügel aber hatte durch den Besitz des Lobosch von vorn herein einen grossen Vortheil über den feindlichen rechten, und konnte von seiner dominirenden Stellung aus erfolgreich angreifen.

Man erkennt auch in dieser Anlage die schräge Schlachtordnung, die der König zu so hoher Vollendung brachte, und die er seinen Generalen[1]) immer wieder empfahl; wie das die „Remarques"[2]) ganz richtig ausführen: „Da der König nur

---

[1]) s. u. a. Corr. 15, 9186 an Lehwaldt.
[2]) Kriegsarchiv XXXIV 53: „*Le Roi — — donnant de sa gauche, et refusant absolument sa droite — — il tint l'Infanterie opposée en respect, tandis que sa gauche renforcée de toute sa seconde ligne s'élargissait toujours*

mit seinem linken Flügel angriff und seinen rechten gänzlich versagte, — — hielt er die ihm gegenüberstehende Infanterie im Schach, während der linke Flügel, verstärkt durch sein ganzes II. Treffen, sich immer nach links ausdehnte und gegen den Feind anging — — also ist es unzweifelhaft, dass der König von Preussen in schräger Ordnung angegriffen hat."

Dem neuen Plane des Königs kam Browne entgegen, oder gewissermaassen zuvor. Während der Reiterkampf sich im Thale abspielte, dauerte das Gefecht in den Weingärten des Lobosch beständig fort. Browne, der sich selbst bei Lobositz befand, verstärkte die Kroaten dort allmählich durch reguläre Infanterie. Die Bataillone Beverns mussten sich, des Königs Befehl zu Folge, zunächst auf die Defensive beschränken, was den leichten Truppen des Feindes gestattete, nachdem sie sich hinter den Weinbergsmauern gesetzt, immer wieder das Geplänkel zu beginnen. Ueber die Art dieses Gefechts erzählt der Hauptmann v. Arnim I.[1]) vom Reg. Bevern: „ich rückte von Zeit zu Zeit mit dem 8. Peloton und auch mit einigen Rotten aus, und liess auf die hin- und her zerstreuten und versteckten Croaten Feuer geben." Auch das ganze Regiment sei „ein Mal einige 100 Schritt von der Höhe vorwärts hinunter" gerückt, „woselbst nur Mann für Mann gefeuert werden konnte," habe sich aber dann wieder mit den andern Regimentern alligniren müssen.

Bald aber sollte es hier ernster zugehen. Nach dem glücklichen Zurückweisen der preussischen Attacken fasste Browne den Entschluss, den linken preussischen Flügel umfassend anzugreifen, und damit die preussische Armee in das Defilé zurückzuwerfen. Eine Demonstration gegen den rechten preussischen Flügel sollte diesen Angriff unterstützen.

Allerdings ist dieser „Plan" Brownes ein sehr streitiger Punkt.

Was zunächst den zweiten Theil desselben anlangt, so weisst es die „Oester. Mil. Zeitschrift" mit Entschiedenheit als „Erdichtung" zurück, dass ein Vorstoss von Sullowitz aus stattgefunden habe. Der König erwähnt denselben nicht, ebensowenig Bevern und die österreichischen Relationen.

Die Berichte von 3 Augenzeugen aber machen die Sache ganz unzweifelhaft: Westphalen, Behrenhorst, Holtzmann schildern ausführlich, wie der Vorstoss versucht wurde und wie er scheiterte; man kann doch schlechterdings nicht annehmen, alle drei hätten sich versehen. In fast allen „Tagebüchern" etc. wird dasselbe gesagt, nur das „Journal" des Prinzen von Preussen schweigt darüber. Auch Gaudi behandelt die Episode ausführlich; un-

---

sur sa gauche, et avançait sur l'ennemi, — — ainsi il est indubitable que le Roi de Prusse ait attaqué en ligne oblique."
[1]) Kriegsarchiv, Cap. XXXIV 53.

verkennbar nach Holtzmann-Hohenlohe. Die Oesterreicher haben Grund genug, das Unternehmen, das ihnen übel bekam und ohne Zweifel besser unterblieben wäre, zu verschweigen. Der König aber geht in seinen Berichten nicht so sehr ins Einzelne, dass die Nichterwähnung dieses ganz kurzen Vorgangs, der ohne Folgen für den Gang der Schlacht blieb, als entscheidender Grund dafür gelten könnte, er habe überhaupt nicht stattgefunden; wenn auch dies Uebergehen in dem ausführlichen „Journal" immerhin auffallend bleibt. Bevern legt, wie ganz natürlich und sehr gerechtfertigt, den Hauptnachdruck auf die Ereignisse auf dem linken Flügel, was hinreichend erklärt, dass er jenen Vorgang, den er ja nicht sehen konnte, nicht berichtet. Das „Gen.-Werk" begnügt sich, die beiderseitigen Behauptungen einander gegenüber zu stellen. Dagegen bringen die „Relations" den Vorstoss, ebenso Lloyd, der ihn seiner Kritik unterzieht, auch Scharnhorst und die Späteren.

Es kann somit als Faktum festgehalten werden, dass eine österreichische Infanterie-Kolonne — „der dumpfigte Klang ihren höltzernen Trommeln ertönte kläglich"[1]) — um die Mittagszeit oder etwas später das „Defilé" von Sullowitz überschritt und sich auf dem rechten Ufer des Modlbaches zu formiren versuchte. Jedoch das Feuer der preussischen Batterie auf dem Homolkaberge zwang sie zu schleuniger Umkehr, „welches nicht anders als in Verwirrung geschehen konnte," da das Dorf selbst in Brand geschossen ward, durch welches der Rückzug erfolgen musste. Die Stärke dieser Angriffskolonne wird meist auf 9 Bataillone angegeben; Westphalen sagt „ein paar Brigaden" hätten dazu Befehl erhalten, was aber wohl zu hoch gegriffen ist. Holtzmann knüpfte an diese Episode eine ausführliche Erörterung darüber: ob man wohl besser gethan hätte, die Oesterreicher noch weiter über das Defilé herüber zu lassen, um sie dann gänzlich zu vernichten, kommt aber zu dem vernünftigen Schlusse, dass man nicht habe wissen können, wie die Sache auslaufen würde: „der General ist unstreitig der einsichtsvollste und grösste, der dem Fall (sic), dessen Erfolg unsicher ist, bei Zeiten vorzubeugen weiss." Vielleicht hat Holtzmann damit eine Lanze für sich selber brechen wollen, da er sehr wohl, neben dem von Behrenhorst bei dieser Gelegenheit erwähnten Lieutenant Merkatz, bei der Homolka-Batterie gewesen sein kann.

An sich ist eine solche Demonstration gewiss ein wirksames Mittel, die Aufmerksamkeit des Feindes zu theilen; unter den gegebenen Umständen aber, wo das Gelingen eines Frontal-Angriffs auf den Homolkaberg gänzlich ausgeschlossen war, kann

---
[1]) Behrenhorsts Brief.

dieses Beginnen nur damit erklärt — nicht gerechtfertigt werden, dass Browne so mit den Angelegenheiten seines rechten Flügels beschäftigt war, dass er jenen Befehl zu dessen Erleichterung gab, ohne sich die Situation auf dem andern Flügel zu vergegenwärtigen. Wie er auch dem Kaiser am 4. Oktober schreibt:[1] „Ew. Maj. wird die Gnade haben, anzuerkennen, dass ich nicht überall in den zwei Treffen von $^3/_4$ Stunden Länge habe sein können."

Noch einen Beweis, dass dieser Vorstoss wirklich stattgefunden, könnte man aus der officiellen österreichischen Verlustliste[2] entnehmen, aus der hervorgeht, dass auch einige der sonst nicht engagirten Regimenter des linken Flügels nicht unbedeutende Verluste erlitten haben, so die Regimenter Wallis und Niklas Esterhazy, was bei ihrer sonst gut gedeckten Stellung das preussische Geschützfeuer nicht allein erklärt. —

Auch über den ersten Theil des Planes, den ich oben Browne zugeschrieben habe, gehen die Quellen auseinander. Es handelt sich darum, ob die Oesterreicher den Lobosch angegriffen haben, oder ob vielmehr die Preussen, die nur schwachen österreichischen Abtheilungen dort verdrängend, auf die noch vor und in Lobositz stehenden Regimenter gestossen seien. Der officielle österreichische „Bericht", welcher diesen Theil der Schlacht, wie gesagt, erklärlicherweise sehr stiefmütterlich behandelt, enthält die ganz unklare und schiefe Angabe, die Oesterreicher seien durch den Brand von Lobositz und durch überlegene Kräfte gezwungen worden, „von den Höhen zu weichen."

Auch die „Oestr. Mil. Zeitschr." erwähnt nichts von einem österreichischen Angriff.

Browne selbst gebraucht an einer, von Arneth[3] citirten Stelle seines Schlachtberichts den keineswegs klaren und scharfen Ausdruck: er habe zu der Ueberzeugung Grund, dass Lacy, ohne seine Verwundung, um jeden Preis die Höhen „gehalten" (*soutenu*) haben würde. — Aber Lacy hatte ja eben die Höhen gar nicht in Besitz, die Kroaten lagen in den Weingärten des Abhangs, also handelte es sich für Lacy nicht darum, die Höhen zu „halten", sondern sie erst zu „nehmen". Und der Versuch dazu war für Browne gewiss geboten, wenn er sich nicht ohne weiteren Schwertstreich zurückziehen wollte. Da das Treffen für ihn unläugbar günstig begonnen hatte, so musste er darin den Anlass finden, sein Versehen des Nichtbesetzens der Höhen wieder gut zu machen. Die preussische Cavallerie hatte keinen

---

[1] K. k. Kriegsarchiv, Cab. Akt. 10. März. „*V. M. aura la clémence de reconnaître, que je ne pouvais pas être partout dans deux lignes de trois quarts d'heures de longeur.*" — [2] „Danziger Beyträge" 1756. — [3] Arneth V, Anm. 25.

guten Eindruck auf ihn gemacht:[1]) sie sei in einem nicht allzu gutem Zustande, mit ihren grossen Pferden, die mager und schwach seien — und zumeist nur hinten beschlagen! Vielleicht beurtheilte er darauthin die preussische Infanterie als ähnlich minderwerthig. Dass er dem Feinde ohne Weiteres die Initiative überlassen, wäre eben nichts rühmliches. Seine Gegner sind seinen Absichten gerechter geworden. Der König schreibt an Schwerin:[2]) „der Feind machte alle möglichen Anstrengungen, meinen linken Flügel zu umfassen;" und in der „Histoire" sagt er: „Der Marschall Browne wollte den Stand der Streitfrage ändern; da er sich auf dem Punkte sah, angegriffen zu werden, zog er es vor, selbst anzugreifen." Bevern berichtet: „die feindliche Infanterie debouchirte aus Lobositz heraus mit aller Macht und attackirte den linken Flügel — mit der grössten Furie." Westphalen erzählt, wie man das österreichische Corps, das zum Angriff bestimmt war, „ganz deutlich im Anmarsch längs der Elbe, den Lobosch herauf" erblickt habe. Tempelhof stellt die Ausführung des Angriffs ausführlich dar, und corrigirt Lloyds Angabe, dass die Preussen zuerst den Angriff gemacht hätten. Auch Holtzmann—Hohenlohe und andere „Tagebücher" stimmen damit überein. Ranke[3]) entnimmt aus dem „Veteran" (II, 236) „dass die von dem Könige besetzten Höhen doch nicht eigentlich angegriffen worden sind." Aber die dann folgende Ausführung lässt sich sehr wohl mit der hier vertretenen Ansicht vereinigen: „die Oesterreicher hatten dieselben (die Höhen) zu besetzen vernachlässigt. Eben mit den Truppen, die dies hätten thun sollen, gerieth Friedrich ins Gefecht. Indem Browne dieselben unterstützte, kam es zur Schlacht". Denn die Unterstützung zum Zwecke der Besitznahme der Höhen musste zum Angriff führen!

Auch Arneth spricht von dem „Sturm" auf den Lobosch.

Somit war es wohl nicht unberechtigt, den angeführten Plan Brownes aus den Thatsachen zu construiren.

Auf dem Lobosch standen 9 Bataillone unter dem Herzog v. Bevern, die Regimenter Bevern, Kleist, Itzenplitz, das Bat. Münchow und die Gren.-Bat. Kleist und Jung-Billerbeck. Gegen diese rückten die österreichischen Infanterieregimenter Joseph Esterhazy, Colloredo, Jung-Wolffenbüttel (Ludwig), Browne und Hildburghausen[4]) heran. Nimmt man an, dass die beiden zuletzt genannten Regimenter, die nach der Verlustliste weit weniger gelitten haben, als die übrigen, im 2. Treffen blieben, so stimmt jene Angabe Tempelhofs mit der Westphalens überein, der

---

[1]) Browne 4. Oktober an den Kaiser: „*A la verité aussi toute leur cavalerie n'est pas en trop bon état, ces grands chevaux sont maigres, faibles et la plus part seulement ferré sur les pieds de derrière.*"
[2]) Corr. 13, 8144.   [3]) Ranke, S. W. 30, S. 279, Anm.   [4]) Tempelhof.

4000 Mann den eigentlichen Angriff machen lässt. Der Hauptmann v. Arnim[1]) nennt „die Regimenter Niklas und Joseph Esterhazy und Wolffenbüttel, auch einige Grenadier-Compagnien", die „gegen uns im Grunde sich rechts heraufzogen;" die Verwechselung von Niklas Esterhazy und Colloredo kann dabei nicht in Betracht kommen; Colloredo war das Regiment, dass Lacy nach seinen Principien besonders ausgebildet hatte,[2]) das er also ohne Zweifel in erster Linie in den Kampf führte. Die Angabe des „Gen.-Werks" von nur 3 Bataillonen und 6 Grenadier-Comp. ist demnach ebenso zu niedrig gegriffen, wie andererseits die des Königs von 20 Bataillonen wohl zu hoch ist; derselbe rechnete, wie erwähnt, die österreichischen Regimenter zu drei Bataillonen statt zu zwei, woraus sich diese Ueberschätzung zum Theil erklären liesse.

Der Oberst Graf Lacy führte die zum Angriff bestimmten Truppen, ein dazu sehr geeigneter, tapferer Officier, dessen Verwundung ohne Zweifel ein Hemmniss für den Erfolg war, wenn sie auch keineswegs von entscheidender Bedeutung gewesen ist, wie das Browne meint, der Lacy dem Kaiser mehrfach besonders empfiehlt, und ihn zum General vorschlägt.

Mit „vieler Herzhaftigkeit" rückten die Oesterreicher vor, die linke Flanke der Preussen zu umfassen.

Es war ungefähr um Mittag[3]). Die preussischen Bataillone hatten sich in dem in die fünfte Stunde währenden Feuergefecht fast verschossen: „Ich habe die Kaltsinnigkeit des meinigen Regiments mit der äussersten Bewunderung angesehen, schreibt Bevern an Moritz v. Dessau, nachdem es 4½ Stunden im Posten unter beständigem Feuer auf Ordre stehen müssen, und da selbiges sich ganz verfeuert gehabt" u. s. w. Nur die aus dem zweiten Treffen später herangezogenen Bataillone von Itzenplitz und Münchow konnten die Angreifer mit lebhaftem Feuer empfangen. Der Munitionsersatz, für den der König vom rechten Flügel aus sorgte — „wir mussten 30 Patronen von jedem Mann an den linken Flügel — schicken," schreibt Behrenhorst — scheint nicht eher angekommen zu sein, als bis die Entscheidung schon erfolgt war. Die feindliche Umfassung verhinderten das Gren.-Bat. Kleist und das 1. Bat. Münchow:[4]) „die 3. u. 4. Division von diesem Bataillon (Münchow) postirten sich unter dem Major v. Lehwaldt auf die höchste Spitze des Lobosch," und rückten dann weiter nach der Elbe zu. — Als nun die Oesterreicher „den halben Berg herauf waren," ging ihnen zuerst das Gren.-Bat. Jung-Billerbeck und dann das Regiment Bevern „mit dem

---

[1]) Kriegsarchiv, XXXIV. 53. — [2]) Warnery, „Campagnes". — [3]) v. A. Behrenhorst's Brief. — [4]) „Holtzmann" und „Hohenlohe".

Bajonet gerade auf den Hals." Der Hauptmann von Arnim[1] erzählt, er habe dem Commandeur des Gren.-Bataillons[2] den Vorschlag dazu gemacht, als der Feind noch etwa 5—600 Schritt entfernt war: „selbiger war auch gleich bereit dazu, und das Reg. Bevern und dieses Grenadier-Bataillon avancirten zugleich in vollem Laufe und aus allen Kräften mit einem Geschrei gegen den Feind, der sobald, wie wir auf eine Distance von 200 Schritt an ihn heran kamen, an zu weichen fing, und sich in grosser Confusion auf die Flucht begab." Bevern giebt nur das Faktum; Westphalen sagt noch, das Gren.-Bat. habe das gethan, „da es sich ohne Kraut und Loth fand" und „ohne dazu Befehl zu erwarten." Retzow weiss zu berichten, Bevern habe mit dem „Götterspruche": „Bursche, seid darum (um den Munitionsmangel) unbekümmert, in welcher Absicht hätte man euch sonst gelehrt, den Feind mit gefälltem Gewehr anzugreifen!" die Truppen zu dem Gegenstosse angefeuert. — Der Herzog,[3] „einer der grössten Officiers bei der Armee, in Absicht seiner Leibeslänge und der Vortrefflichkeit seiner Seelen," stieg vom Pferde,[4] und machte selbst den Angriff mit, seines Wahlspruchs eingedenk „*ad victoriam velox!*" Wie sehr er sich exponirte, sagt sein Brief an Moritz v. Dessau: „so gern man auch sein Leben für unsern gnädigsten König exponiret, so freuet man sich doch, wenn einen der liebe Gott zur Erweisung fernerer Dienste aus einem so gefährlichen Pas gesund heraus hilft."

Dem Beispiele der genannten Bataillone folgten auch die übrigen vom linken Flügel, welche den Feind „den Berg hinunter culbutirten, mit den Bajonets in die Rippen, und mit der Kolbe hinterherschlugen;"[5] „unsere geborenen Preussen und Brandenburger packten die Panduren, wie Furien" erzählt der Toggenburger.

Bevern schliesst hieran die Bemerkung: „auf diesem Wege cessirte die Ordre, dass der Berg besetzt und nicht von demselben herunter marschirt werden sollte."[6]. Und in seiner späteren Aeusserung über die Schlacht sagt er ausdrücklich:[7] „Der Herzog etc. nahm endlich vor sich die Entschliessung, nach des Feindes gethanen letztern tentative, selbigen selbst zu attaquiren, und von seinen Posten in die Plaine herunter zu gehen" u. s. w., nachdem vorher bemerkt ist: auch ward das ganze Dessein geändert, womit man die Bataille angefangen, denn nach der Disposition sollte der linke Flügel am Lobosch appuiret bleiben und der Rechte agiren." Wenn man ein ab-

---

[1] Kriegsarchiv, Cap. XXXIV. 53. — [2] Dies Gren.-Bat. hatte sich kurz zuvor aus dem II. Treffen zwischen Bevern und Kleist eingeschoben (ebenda). — [3] Märk. Forsch. 1886. — [4] Kriegsarchiv C. II. 9.
[5] Beverns Bericht. [6] Beverns Bericht. [7] Märk. Forsch. 1886, S. 54.

sichtliches Verschweigen einer neuen Ordre nicht annehmen will, der König aber, wie ausgeführt, selbst seinen Plan geändert hatte, so ergiebt sich eine Schwierigkeit, deren Lösung sich aber darin finden lässt, dass der König dem Herzoge von seiner veränderten Disposition keine besondere Mittheilung hat zukommen lassen. In jenen „Anmerkungen"[1]) zu Lloyds Werke, die ich dem Herzoge v. Bevern zugeschrieben habe, wird im Gegentheil gesagt, jene I. Ordre sei „noch währendem Chargiren, selbigen (dem Herzoge) in wiederholten Malen, und soviel erinnerlich durch folgende Majors: 1. dem nachher als Obersten bey Prag gebliebenen v. Oelsnitz und 2. dem noch lebenden Gen.-Lieutenant v. Stutterheim, welche der Zeit Königl. Flügeladjutanten waren, erneuert worden, in soferne solches, der langen Zeit her, noch erinnerlich ist."

Entweder haben nun diese Wiederholungen in der ersten Periode der Schlacht stattgefunden, wo sie sich ohne weiteres erklären; oder wenn später, dann hatten sie den Zweck, den Herzog noch besonders zu ermahnen, dem österreichischen Angriffe, den der König ja kommen gesehen, Stand zu halten. Die Sache lag eben, wie der König in der „Histoire"[2]) sagt so, dass der österreichische Angriff dem von ihm beabsichtigten zuvorkam. In gleichem Sinne ist wohl aufzufassen, was Bevern an einer andern Stelle[3]) noch erzählt: „Gedachter Feldmarschall (Keith) hatte zwar vorgemeldetem Generallieutenant (Bevern) den Schrifftlichen Befehl durch des Gen.-Lieut. Herzogs Ferdinand v. Braunschweig Hand geschicket, dass selbiger bei der vorseyenden retraite mit seinen Bataillonen vom linken Flügel die arriere Garde machen sollte, allein der Officier, so das Billet brachte, kam erst an, da schon würklich die attaque auf den Feind und den Städtgen Lobositz ihren Anfang genommen" u. s. w. Auch dieser Befehl sollte den Herzog anweisen, den Lobosch unter allen Umständen zu halten; denn sollte er die Arrièregarde machen, so musste er bis zuletzt dort stehen bleiben. Die „vorseyende retraite" bezog sich ohne Zweifel nur auf den Fall, wenn es dem Könige nicht gelungen wäre, die österreichische Umfassung zu verhindern, was bei der vermeintlichen grossen Ueberlegenheit der Oesterreicher immerhin als nicht ausgeschlossen angesehen werden konnte.

So können Beverns Angaben wohl bestehen; nur dass die Wiederholung des Befehls, den Berg festzuhalten, falls sie selbst noch zur Zeit des österreichischen Angriffs geschehen sein sollte, gar nichts dafür beweist, dem Könige sei das Vorgehen des linken Flügels dann unerwartet gekommen, und der Sieg sei gleichsam gegen seine ausdrückliche Ordre erfochten worden.

---

[1]) Bellona 1781. II. Stück.   [2]) s. o. S. 66.   [3]) Märk. Forsch. 1886.

Einen Befehl zum Angriff hat der Herzog wohl nicht erhalten, und das gab ihm den Anlass, seinen Entschluss dazu für den entscheidenden zu halten. Der König hat aber erst durch sein Eingreifen den dauernden Erfolg desselben gesichert, und damit am besten bewiesen, dass diese Wendung durchaus seinen eignen Absichten entsprach. Warum aber hat der König den Herzog von der Aenderung seines Planes nicht in Kenntniss gesetzt? Unserm heutigen Befehlsorganismus würde das allerdings widersprechen. Damals aber, wo die Armee auf dem Schlachtfeld ein Ganzes bildete, war es nicht so erforderlich, dass der Unterführer von Veränderungen der Entschlüsse unterrichtet wurde. Besonders unter den hier gegebenen Verhältnissen konnte dies keinen Nachtheil bringen, da der König das ganze Schlachtfeld übersah, und jederzeit in der Lage war, auch auf dem linken Flügel entsprechend einzugreifen, wie es denn durch rechtzeitige Unterstützung auch geschehen ist. Vielleicht sah der König auch die natürliche Entwicklung voraus, und vermied es absichtlich, durch *contreordre* gegen seine ursprüngliche *ordre* die Gefahr des *désordre* herbeizuführen. Dass man vergessen habe, den Herzog von der veränderten Lage zu benachrichtigen, wie Gaudi angiebt, und ihm andre Befehle zu ertheilen, ist ganz abzuweisen. Gaudi widerspricht sich selbst, indem er fortfährt: „vielmehr" wurde die erste Ordre dem Herzoge „auf einem kleinen Zettel mit Bleystift geschrieben von dem Feldmarschall Keith wiederholet" etc. also an die Wiederholung dachte man zur gleichen Zeit, wo man die Aenderung mitzutheilen „vergass"! Der „kleine Zettel" ist ohne Zweifel dasselbe, wie jenes „Billet" Beverns, der Gaudi vielleicht selbst davon erzählt hat. Nur dass Gaudi den Inhalt anders berichtet; aber auch er lässt den Befehl „zum Glück" nicht ankommen.

Ueber die Zeitdauer dieses Aktes der Schlacht erfahren wir von Westphalen, dass das Feuer auf dem linken Flügel gegen den österreichischen Angriff fast 1 Stunde gedauert habe. Danach ist es gegen ein Uhr gewesen, als die Preussen den Bajonetangriff machten. Die Kaiserlichen wurden von einer Weinbergsmauer nach der andern vertrieben, nach tapferm Widerstande, „überflügelt und überflügelnd,"[1]) sodass das Bild vom „reissenden Strome", dem vergleichbar die Preussen „von den Höhen des Lowos" gestürzt seien, womit Retzow seine Charakteristik schmückt, etwas eingedämmt werden muss, wenn auch Behrenhorst in seinem Briefe dasselbe Bild braucht, wo es heisst: „In diesem Augenblick (als die aus Sullowitz debouchirte Kolonne zum „unordentlichen Rückzuge" gezwungen

---
[1]) Westphalen.

war) kamen die rothmäntelichten Panduren, welche die Weinberge verliessen, schaarenweise angelaufen: die Fläche wurde blau, denn das unüberwindliche Fussvolk des linken Flügels erfüllte dieselbe, gleich einem reissenden Strom, der sich vom Gebürge herabstürtzet." In der Ebene also wurde der Rückzug der Oesterreicher zur Flucht. Der König erzählt sogar, einige der flüchtigen Bataillone hätten sich in die Elbe gestürzt; auch Retzow bringt diese Notiz, und der Toggenburger weiss zu erzählen, „wie viele 100 Panduren, auf welche unsre Vortruppen wieder wie wilde Löwen einbrachen, ins Wasser sprangen." Dem Obersten von Puttkamer[1]) aber hat sein Bruder, der als Commandeur des Regiments Bevern in der Schlacht verwundet wurde, erzählt: „Unsre Leute haben den Feind in die vorüberfliessende Elbe sprengen wollen, allein diesen Tod haben sie nicht sterben wollen, sondern sich auf die Bajonets spiessen lassen," dagegen lässt der Hauptmann von Arnim[2]) den Fall unentschieden: „vielleicht wurden auch verschiedene aus *terreur* von der *precipice* des Elbufers gestürzet" — womit denn auch wir die Sache auf sich beruhen lassen wollen. Jedenfalls warf sich ein Theil der Geschlagenen in die Häuser von Lobositz, die grösstentheils massiv waren, um sich dort zu vertheidigen.

Für den Erfolg des weiteren Gefechts war es von vorzüglicher Wichtigkeit, dass der linke preussische Flügel bis zur Elbe verlängert wurde, wodurch den Oesterreichern die Möglichkeit, gegen die preussische linke Flanke zu wirken, abgeschnitten ward. Da die Bataillone des II. Treffens, wie wir gesehen, bereits in erster Linie hatten verwendet werden müssen — nur das Gren.-Bat. Grumbkow, das auch auf dem linken Flügel gestanden, war noch intakt geblieben — so musste diese Verlängerung durch eine Linksschiebung der Infanterielinie erreicht werden. Der König liess daher „18 Bataillone sich so lange links ziehen, bis sie die Elbe erreichten,"[3]) während die 6 Bataillone des rechten Flügels — 3 Anhalt, 2 Braunschweig, Gren.-Bat. Puttkamer — „unbeweglich auf dem Homolkaberge stehen" blieben. Wenn der König an Schwerin[4]) schreibt, er habe „24 Bataillone des I. Treffens eine Wendung links um machen lassen", so ist diese Zahl unzweifelhaft ein Versehen; er hätte ja dann den Homolkaberg aufgegeben, dessen beständiges

---
[1]) Kriegsarchiv C. II. 5. — [2]) Kriegsarchiv Cap. XXXIV. 53.
[3]) Holtzmann. — Es waren, von rechts gezählt, die Reg. Quadt, Blankensee, Hülsen, Manteuffel, Bevern, Kleist, Itzenplitz, das Bat. Münchow, und die Gren.-Bat. Jung-Billerbeck, Kleist u. Grumbkow; das letztere kann aber nicht weit links gekommen sein, da es gleich darauf im Centrum verwerdet wurde.
[4]) Corr. 13, 8144:. „*je fis faire un tour à gauche à 24 bat. de la première ligne.*"

Festhalten er doch selbst als das entscheidende Moment ausdrücklich in demselben Briefe bezeichnet. Es ist sicher ein Schreibfehler, ähnlich dem, wenn er in der 2. Relation¹) von einer „dritten" Attacke der Cavallerie schreibt, wo er selbst vorher nur eine erwähnt, und im Ganzen auch nur zwei stattgefunden haben.

Natürlich musste so im Centrum eine Lücke entstehen, welche der König „durch ein neues und vielleicht nicht ganz erlaubtes Manöver"²) ausfüllte. Da das noch zurückgehaltene Gren.-Bat. Grumbkow und das 1. Bataillon Zastrow, welches grade zu dieser Zeit auf dem Schlachtfelde anlangte, dazu nicht ausreichten, so liess der König einen Theil der Cavallerie in das I. Treffen rücken, um so den Zusammenhang der Schlachtlinie wiederherzustellen und die Oesterreicher über die Schwäche der preussischen Infanterie zu täuschen. Es waren — nach dem „Journal" des Prinzen v. Preussen — die Cuirassier-Regimenter Prinz v. Preussen, Leib-Carabiniers u. Rochow, die zu diesem Zwecke verwandt wurden.

Auch hier kann Westphalen nicht umhin, dem Herzoge Ferdinand das Verdienst zuzuwenden, diese Bewegung angeordnet zu haben. Da aber der König die Anordnung derselben ausdrücklich als von ihm ausgegangen bezeichnet, und dem Prinzen Moritz gegenüber mit den oben angeführten Worten gleichsam entschuldigt, so dürfen wir, abgesehen davon, dass eine solche einschneidende Maassregel doch nur von der Oberleitung ausgehen konnte, die Ehre des Gedankens und des Erfolges dem Könige nicht rauben lassen.³)

Der Feldmarschall Keith, der bis dahin auf dem rechten Flügel resp. im Centrum gewesen war, ritt nun — jedenfalls vom Könige geschickt — „in vollem Galopp"⁴) nach dem linken Flügel, um dort die Leitung zu übernehmen.

Da sich nun Graf Browne auf seinem rechten Flügel befand — zwei Pferde wurden ihm dort unter dem Leibe erschossen⁵) — so traten sich hier bei Lobositz die beiden Jakobiten unmittelbar gegenüber: der Protestant Keith und der Katholik Browne, beides ausgezeichnet tapfre Männer, die Beide für die von ihnen erwählte Sache in den folgenden beiden Feldzügen ihr Leben lassen sollten.

---

¹) Corr. 13, 8214. — ²) Corr. 13, 8146.
³) Schwerin schreibt dem Könige in seinem Glückwunschschreiben vom 8. Okt. (Geheim. Staatsarchiv R. 96. 90 L. II.): „*Votre (tour) à gauche de Votre Infanterie et le remplaiement de Votre vuide par vos Cuirassiers et (est?) du plus habil de tous les Généraux, qui aye jamais paru.*"
⁴) Westphalen, auch Beverns Bericht etc.
⁵) „Mithin Er auf das 3. gekommen" setzt ein Oestr. Bericht im k. k. Kriegsarch. Feld.-Akt. 10/54 naiverweise hinzu!

Die preussischen Bataillone waren etwas durcheinander gekommen, sodass sie am Fusse des Lobosch erst wieder railliirt werden mussten — „ein Halt war höchst nöthig" schreibt Arnim[1]) — ehe der Angriff auf die Stadt unternommen werden konnte. Besonders aber musste zuvörderst die schwere Artillerie einen Stellungswechsel vornehmen, um den Angriff vorzubereiten; ihrer Wirkung schreiben österreichische Berichte hauptsächlich das Gelingen desselben zu. Sie wurde von dem Major von Moller geleitet, von dem der König schreibt[2]): „Moller von der Artillerie hat Wunder gethan und mich in erstaunlicher Weise unterstützt." Nach der Schlacht wurde er zum Oberstlieutenant befördert und mit dem *Pour le mérite* ausgezeichnet.

Bei Lobositz nun stand der Feldmarschall-Lieutenant Graf Starhemberg mit 3 Regimentern, die Browne noch zur Verstärkung herbeibeordert hatte, die aber zu spät gekommen waren, um dem Kampfe am Lobosch eine andere Wendung zu geben. Browne selbst schiebt die Schuld dieser Verspätung dem Mangel an Initiative der Infanterie-Generale seines rechten Flügels zu, während er selbst die Nothwendigkeit der Verstärkung nicht frühzeitig genug bemerkt habe. Er schreibt darüber am 4. Okt. an den Kaiser[3]): „Die Generale von der Cavallerie haben Alles gethan, was man von Officieren von Kopf und Herz erwarten darf. Wollte Gott, ich könnte dasselbe von denen von der Infanterie sagen: aber zum Unglück giebt es da Keinen, der etwas anders gethan hätte, als unbeweglich an der Spitze seiner Truppen sich zu halten, um sich tödten zu lassen. — — Wenn doch die Generale, die auf meinem rechten Flügel waren, zu rechter Zeit die Höhen wenigstens nur mit zwei oder drei Regimentern verstärkt hätten: aber als ich es bemerkte, und als ich sie avanciren liess, war es schon zu spät." — — Diese Entschuldigung des Feldherrn wird man kaum einleuchtend finden können. Browne war ja selbst auf dem rechten Flügel, wo die Entscheidung lag, und musste doch ohne Zweifel seine Aufmerksamkeit vor Allem auf eine rechtzeitige Unterstützung des Angriffs auf den Lobosch richten, von dem der Ausgang des Tages abhing. Es war der grosse Vortheil der österreichischen Stellung, dass solche Truppenschiebungen ohne Gefahr eines Flankenan-

---

[1]) Kriegsarchiv, Cap. XXXIV. 53. — [2]) Corr. 13, 8144.
[3]) K. k. Kriegsarchiv, Cab.-Akten 10. März: „*Je supplie V. M. en grâce de permettre, que je puisse témoigner son gracieux contentement aux généraux de la Cavalerie. Ils ont tous fait ce qu'on devait attendre des officiers de tête et de valeur. Plût à Dieu, que je puisse dire la même chose de ceux de l'Infanterie: mais malheureusement il n'y a aucun, qui ait fait autre chose, que d'être immobile à la tête de sa troupe, pour se faire tuer. — — Si ceux, qui étaient à ma droite avaient à temps renforcé les hauteurs au moins seulement de deux ou 3 Regiments: mais quand je m'en apperçus et que je les fis avancer, il était déjà trop tard.*"

griffs, durch die Frontdeckung des Modlbachs, und durch den nach Lobositz führenden deckenden Hohlweg ungesehen und ohne Verlust stattfinden konnte.

Durch die Verspätung aber blieb jenen frischen Regimentern nun in Folge des Zurückströmens der vom Lobosch geworfenen Bataillone kein Raum zur Entwicklung.[1]) Und viel Zeit dazu wurde ihnen auch nicht gelassen. Denn nunmehr langten die preussischen Verstärkungen von rechts her an, und sofort begann der Angriff. Was die Oesterreicher zuvor vergeblich versucht, gelang nun den Preussen: sie umfassten die feindliche rechte Flanke von der Elbe her. Nachdem schon vorher das Bataillon Münchow den Feind aus dem Dorfe Welhotta[2]) a. d. Elbe vertrieben hatte — Holtzmann sagt ausdrücklich, auf des Königs Befehl — war es nun der Major v. Oelsnitz[3]), der mit diesem und den Grenadier-Bataillonen Kleist und Jung-Billerbeck die entscheidende Bewegung gegen die österreichische Flanke ausführte. Zugleich aber drangen die neu eingetroffenen Regimenter Hülsen und Blankensee neben den von Itzenplitz und Manteuffel mit gefälltem Bajonet unter dem Feldmarschall Keith gegen Lobositz vor.

Dass hierbei ein kunstvoller Echelonangriff gemacht worden wäre, wobei jedes Bataillon „das andere 30 Schritt vorlassen musste, ehe es sich in Marsch setzte, und also, indem es selbst angriff, dennoch dem nebenstehenden zum Soutien diente," erscheint sehr unwahrscheinlich, wenn es auch von dem sonst so gut unterrichteten Holtzmann u. a. erzählt wird. Tempelhof und Gaudi haben hier wohl das richtige getroffen, welche die verschiedenen Linien, in denen der Angriff erfolgte, der Enge des Terrains zuschreiben, welche ein Abbrechen nöthig machte, oder wie es die „Anmerkungen"[4]) Beverns erklären: „dass aber einige Bataillone hinter andere zu stehen kamen, und dadurch gleichsam zwei Treffen zeigten, veranlassten die Krümmen der Elbe, die dieser Fluss zwischen Welhoten (Welhotta) und Lowositz formiret." Nur in diesem Sinne konnte der König wohl an Schwerin schreiben[5]), seine Infanterie sei in Echelons marschirt.

Jene Bataillone von Oelsnitz waren voran, wenn wir dem Tagebuche des Majors Max von Bornstädt[6]) folgen dürfen: „da denn unser linker Flügel, besonders das Kleist'sche Gren.-Bat., und ich à la Tête (ohne Ruhm zu sagen) des Feindes rechten

---

[1]) Oester. Mil. Zeitschr.
[2]) Bei Welhotta, am Ausgange nach Lobositz zu, steht ein kleiner Obelisk, dessen Inschrift besagt, dass im Juni 1766 Joseph II. mit seinen Generalen Laudon und Lacy das Schlachtfeld besichtigt hat.
[3]) Kyaus Bericht. Kalckreuth. — [4]) Bellona 1781, II. Stück. —
[5]) Corr. 13, 8144. — [6]) Damals Hauptm. in diesem Bat.; s. o. S. 15.

Flügel hitzig angriff und durch Gottes Gnade den Feind repoussirte; ich und Lieutenant Heinr. Volrat v. Watzdorff — mit 30 Grenadieren und 30 Musketieren (wohl von Münchow) waren die ersten in Lobositz."
Bei diesem Angriffe wurde wohl der Generalmajor v. Kleist verwundet[1]), „durch die Wade des rechten Fusses geschossen; dem ohngeachtet blieb er bis zu Ende der Schlacht gegenwärtig. Der König belohnte seinen bewiesenen Eifer mit dem schwarzen Adlerorden."
In Lobositz kam es zu einem Häuserkampfe; „die Grenadiere schossen in die Häuser durch die Thüren und Fenster"[2]) — der aber nur kurze Zeit währte. Denn die Grenadiere legten Feuer an, „um schneller zu Ende zu kommen", wobei sich jener Hauptmann v. Bornstädt[3]) hervorthat, der sich hier den *Pour le mérite* erwarb, und zwangen so die Oesterreicher, den Ort schleunigst zu räumen. Auch das Regiment Itzenplitz scheint sich besonders ausgezeichnet zu haben: der König hat „die sämmtlichen Stabs- und Subaltern-Officiers, nicht minder die Unterofficiere und Gemeinen ansehnlich beschenkt."[4]) Vom Regimente Hülsen erwarben sich die 3 Stabsofficiere den *Pour le mérite*, und der Chef muss von den Leistungen seines Regiments eine hohe Meinung gewonnen haben, da er in seinem Dankschreiben den König bittet[5]), „solche Gnade auch für einige seiner Capitains" zu haben. Dem Capitain von Hacke vom Gren.-Bat. Kleist riss eine Kanonenkugel den linken Rockschooss weg[6]); trotz der Kontusion, die er dabei erhielt, „verliess er seinen Posten nicht, und der König belohnte sein Wohlverhalten mit dem Orden *pour le mérite*." —
Lobositz war übrigens schon vor der Einnahme durch das Geschützfeuer stellenweise in Brand gerathen. Der Brand der Stadt hat gewiss zum Rückzuge der Oesterreicher beigetragen, keineswegs aber allein denselben veranlasst, wie die österreichischen Berichte bis auf Arneth herab bemüht sind, die Sache darzustellen. Browne[7]) geht sogar so weit, diesem Umstande das Verlassen „der Höhe rechts von Lobositz" (mit diesem unklaren Ausdrucke kann doch wohl nur der Lobosch gemeint sein) zuzuschreiben: sonst wäre die Infanterie „zwischen das Feuer der

---
[1]) Biograph. Lexikon. Kleist starb in Folge dieser Wunde am 13. Jan. als Gen.-Lieutenant.
[2]) *Histoire* IV. S. 90. — [3]) Corr. 14, 8378. — [4]) Danz. Beyträge 56, S. 549. — [5]) Geh. Staatsarchiv, R. 96, 87. F. — [6]) Biogr. Lexikon. Levin Friedr. v. Hacke, † 1784 als Gen.-Lieut.
[7]) Browne 2. Okt. an den Kaiser: „*les Prussiens — commencèrent à jetter des boulets rouges à l'endroit de Lowositz de sorte, que le feu y prit. Cet accident obligea notre Infanterie en partie, qui d'ailleurs eut été entre le feu du village et de l'attaque, d'abandonner la hauteur droite de Lobositz, pour se former dehors sur sa plaine.*"

Stadt und des Angriffs gerathen." Die Haltlosigkeit dieser Beschönigung der Niederlage liegt auf der Hand: nichts hätte die Oesterreicher gehindert, sich an der brennenden Stadt vorbeizuziehen, wenn wirklich das Feuer schon weiter um sich gegriffen hätte, als es thatsächlich der Fall war, wie der Kampf, der in der Stadt selbst stattfand, zur Genüge beweist. An einer späteren Stelle giebt übrigens Browne[1]), sich selbst widersprechend, als Grund für das Verlassen „der Höhen auf dem rechten Flügel" (also doch wieder des Lobosch) „die Ueberlegenheit der feindlichen Artillerie und Infanterie" an. Den Kampf um die Stadt selbst übergeht Browne gänzlich mit Stillschweigen! Er hätte auch, der Wahrheit die Ehre gebend, gestehen müssen: die hervorragende Tapferkeit des preussischen Fussvolks hat auch hier den Anstoss zur Entscheidung gegeben, und hätte schon allein, ohne den Brand, genügt, die sehr erschütterten Oesterreicher aus der Stadt zu werfen. Arnim erzählt: „wir liefen gegen den Feind an, der uns aber nicht erwartete, sondern in Unordnung sich durch und um Lobositz vorbei retirirte."

Die Batterie vor Lobositz ward „in einigen Minuten"[2]) erobert. Drei österreichische Geschütze wurden hierbei genommen, eines davon von jenem Hauptmann v. Arnim, der darüber sagt: „das dreipfündige Feldstücke, welches ich enclavirte, cedirte ich Major v. Billerbeck", — für welche Grossmuth ich allerdings keinen Grund zu finden vermag. Ihr schweres Geschütz müssen die Oesterreicher schon vorher in Sicherheit gebracht haben, da es sonst nicht recht einzusehen ist, wie sie dasselbe aus der eroberten Batterie hätten zurückziehen können. Dass der Rückzug der Oesterreicher sehr ordnungsgemäss erfolgt sei, wie behauptet wird, ist nicht wahrscheinlich; „es war doch nichts als lauter Confusion unter ihnen", sagt Beverns Bericht. Die brennenden Häuser von Lobositz waren aber der Verfolgung hinderlich, und hinter dem Modlbach fanden sich die Geworfenen bald in Sicherheit. Diese Truppen, der rechte Flügel vielmehr als der „Vortrab", waren aber so mitgenommen, dass Browne, die Gunst der Stellung benutzend, von seinem linken Flügel einen Theil der noch unberührten Regimenter nach rechts zog, um auf diese Weise dem rechten Flügel neuen Halt zu geben. Diese Bewegung, welcher auch der König seine Anerkennung zollt[3]), liess ein Debouchiren aus Lobositz heraus und eine Fort-

---

[1]) Browne, wie oben: „*Enfin l'ennemi ayant porté la plus grande force de son Infanterie contre ma droite, a-t-enfin obligé nos Croates et infanterie d'abandonner les hauteurs de ma droite: puisque alors il n'y avait plus moyen de tenir contre la supériorité de leurs artillerie et infanterie.*"

[2]) Holtzmann.

[3]) Corr. 13, 8378: „*le beau mouvement que fit M. de Browne en prenant toute (sic!) sa gauche de son infanterie qui avait point été entamée, pour en couvrir les troupes débandées*" etc. —

setzung des Angriffs nicht räthlich erscheinen, während das von den Oesterreichern wie bisher besetzt gehaltene Sullowitz jede Aktion des rechten preussischen Flügels hinderte. Zwar soll, wie Westphalen erzählt, die auf dem Homolkaberge bisher ganz unthätig gebliebene Infanterie, „die eine grosse Begierde, den Sieg vollständig zu machen, belebte," und die „von den Lorbeeren des linken Flügels wie aufgefordert ward, daran theilzunehmen," mit klingendem Spiel schon begonnen haben, zu avanciren. Doch diesmal war der König rechtzeitig in der Lage, den unzeitigen Eifer seiner Truppen in Schranken zu halten. Es ist aber diese Angabe ganz vereinzelt, namentlich ist auffallend, dass Behrenhorst nichts davon erzählt, sondern nach der Einnahme von Lobositz nur von der „unbeschreiblichen Freude" berichtet, die sich in den Rufen: Es lebe der König! wir sind Sieger! geäussert habe. Bevern's Angabe beim Ende der Bataille: „in dieser Zeit war der rechte Flügel bis durch und vor das Dorf Kinitz (Wchinitz) avanciret" hat hiermit nichts zu thun. Denn dieses Dorf liegt ungefähr auf gleicher Höhe mit dem Homolka, dieser sogar noch etwas mehr nach Sullowitz zu; dort hatten die preussischen Bataillone schon den ganzen Tag über gestanden; und nun war es zwei Uhr Nachmittags vorüber [1]).

Die Oesterreicher waren somit auf ihre „Hauptstellung" zurückgeworfen, während sich die preussische Stellung in flachem Bogen vom Homolkaberge bis Lobositz dehnte, dessen Ausgänge besetzt blieben. Als der Kampf bei Lobositz entschieden war, dauerte nur das Geschützfeuer auf beiden Seiten noch fort, bis allmälig auch dieses noch vor Einbruch der Dämmerung des kurzen Oktobertages verstummte. Ein siebenstündiger Kampf hatte das Vorspiel für den siebenjährigen Krieg gegeben.

Die Definition, welche der alte Feuquières[2]) giebt: das Charakteristische einer „Schlacht" läge darin, dass die Gesamtheit der sich gegenüberstehenden Armeen in Kampf geriethe, während ein bloss theilweiser Zusammenstoss nur als „Treffen" (Combat) bezeichnet werden dürfe, mag wohl manchem Kriegstheoretiker die Veranlassung gegeben haben, dem Tage von Lobositz den Namen einer Schlacht zu verweigern. Auch der König, vielleicht weil ihm daran lag, diesem ersten Zusammen-

---

[1]) Beverns Bericht.
[2]) „*Des Relations et Plans*" Dresden 1778. S. 1. Anm.: *Selon le principe de Mr. de Feuquières, il y a une difference entre Bataille et Combat. Bataille est une affaire générale, où toutes les Troupes en viennent aux mains; mais Combat une action, qui se décide par une partie de l'Armée.*

treffen wegen des unvollkommenen Erfolges nicht zu viel Bedeutung beimessen zu lassen, spricht späterhin von einer „*affaire de poste*".[1]) Der frische Eindruck aber liess ihn den Kampf bei Lobositz als ein „Kraftstück" *(tour de force)*[2]) bezeichnen. Es scheint auch gegen jene abweichende Benennung die Verlustziffer zu sprechen; für beide Theile war der Tag, in Anbetracht der verhältnismässig nicht zahlreichen Heere, ein recht blutiger gewesen.

Verluste.

Die beiderseitigen officiellen Verlustlisten werden als Beilagen zu den betreffenden Relationen in den „Danz. Beyträgen" überliefert. Danach betrüge der preussische Gesammtverlust 3304, der österreichische 2984 Mann. Der preussische überstiege hiernach also den österreichischen um mehr als 300 Mann, was Arneths Angabe von dem „ungleich grösseren Verlust der Preussen" einigermaassen rechtfertigen würde. Da Arneth, wie seine österreichischen Vorgänger, diesen Punkt zur Unterstützung seiner Behauptung verwerthet, die Schlacht sei doch eigentlich gar kein Sieg des Königs gewesen, so scheint es nicht unwichtig, darauf etwas näher einzugehen. Dass jene Listen in der Hauptsache zutreffend sind, wird für die preussischen wie für die österreichischen Verluste auch handschriftlich in den betreffenden Kriegsarchiven[3]) bezeugt, die im k. k. Kriegsarchiv giebt allerdings für die einzelnen Regimenter nur die Officiere genau an; beide stimmen mit den in den „Danz. Beytr." durchaus überein.

Jenen Listen sind auch fast alle Darstellungen gefolgt. Doch habe ich aus der Betrachtung dieser selbst ein nicht unerheblich anderes Resultat gewonnen. Zum Verständniss der folgenden Ausführung muss ich die Verlustliste der preussischen Infanterie aus den „Danz. Beytr." hier folgen lassen.

---

[1]) So schon Corr. 14, 8378.
[2]) Corr. 13, 8144; der hier vorkommende Ausdruck „*affaire de poste*" ist nach dem Zusammenhange nicht als Gegensatz zu „*bataille*" zu fassen, was wohl oben der Fall ist.
[3]) K. Preuss. Kriegsarchiv. C. II. 30. K. k. Kriegsarchiv 10. ad 3.

	Blessirt				Todt				Manquiren			
	Off.	Unt.-Off.	Spiell.	Gem.	Off.	Unt.-Off.	Spiell.	Gem.	Off.	Unt.-Off.	Spiell.	Gem.
1. Gren.-Bat. Jung-Billerbeck	4	2	2	93	—	—	—	14	—	—	—	15
2. „ „ Kleist	3	2	2	111	—	1	—	14	—	1	—	14
3. „ „ Puttkamer	—	—	—	—	—	—	—	—	—	—	—	1
4. Regiment Münchow	3	3	1	53	—	1	1	21	—	1	—	21
5. „ Braunschweig	—	—	—	—	—	—	—	—	—	—	—	(6)
6. „ Bevern	2	5	1	61	1	—	—	52	1	—	—	52
2. „ Kleist	11	10	1	156	1	2	—	53	1	2	—	53
8. „ Quadt	1	1	—	19	—	1	1	4	—	1	1	8
9. „ Itzenplitz	12	12	2	252	—	1	—	64	—	1	—	64
10. „ Blankensee	2	6	2	125	1	2	—	67	1	2	—	67
11. „ Hülsen	11	10	2	194	1	1	1	57	1	1	1	57
12. „ Manteuffel	4	9	1	235	1	1	—	63	1	1	—	63
13. 1. Bat. v. Zastrow.	—	—	—	—	—	—	—	—	—	—	1	14
14. Regim. v. Anhalt	—	—	—	—	—	—	—	4	—	—	—	9
Im Ganzen also:	53	59	12	1303	5	10	2	413	5	12	2	444

Die 6 Manquirenden beim Reg. Braunschweig sind die einzige Verschiedenheit, welche eine bei Henckel[1]) abgedruckte Liste enthält; vielleicht sind diese sonst aus Versehen fortgeblieben, wesshalb wir sie hier mit in Rechnung stellen wollen. Von den Truppentheilen, die in der Schlacht waren, fehlt das Gren.-Bat. Grumbkow, welches demnach keine Verluste gehabt hat, wie das seine Verwendung vollständig erklärt. Auch die kaum nennenswerten Verluste der Regimenter Braunschweig und Anhalt und des Gren.-Bat. Puttkamer[2]) sind durchaus in ihrer Stellung in der Schlacht begründet.

Zunächst fällt in der umstehenden Liste der Ausdruck „Manquiren" auf, der sich nur bei der Infanterie findet, während bei der Cavallerie auf „Todtgeschossen" und „Blessirt" die Rubrik „Gefangen" folgt. Es sind nun fast durchweg die unter „Manquiren" angegebenen Zahlen als Gefangene gerechnet worden, und danach der Gesammtverlust bestimmt. Nun fällt bei 8 von den 14 verschiedenen Truppentheilen die Zahl der „Manquirenden" genau mit der Zahl der Todten zusammen, was ein sehr merkwürdiger Zufall sein könnte. Bei den übrigen ist entweder die letzte Rubrik allein ausgefüllt, oder übertrifft um ein Geringes die Zahl der Todten; niemals aber bleibt die Zahl der Manquirenden hinter der der Todten zurück. Ferner aber sind in der Rubrik der Manquirenden 5 Officiere gezählt, genau entsprechend der Zahl der gefallenen Officiere. Nun nennt die namentliche Liste der Officiere, welche die „Danz. Beytr." auch enthalten, keinen einzigen gefangenen Infanterie-Officier. Es müssen also die Manquirenden eben die Gefallenen sein. Daraus geht ganz unzweifelhaft hervor, dass die Rubrik „Manquiren" die Todten und die Gefangenen zusammenfasst, mithin von der Summe dieser Rubrik die Zahl der Todten abzuziehen ist, um die der Gefangenen zu erhalten. Aus dieser Rechnung ergiebt sich, dass die preussische Infanterie nur 2 Unteroffiziere und 31 Gemeine an Gefangenen verloren hat, welche niedrige Zahl auch durchaus der Wahrscheinlichkeit entspricht. Denn bei welcher Gelegenheit hätten denn über 450 Infanteristen in Feindes Hand gerathen sollen? Das Gefecht in den Weinbergen war nach damaliger Taktik natürlich kein „zerstreutes," bei dem etwa einzelne

---
[1]) „Milit. Nachlass."
[2]) Vom Gren.-Bat. Puttkamer z. B. schreibt Bevern an Moritz v. Dessau, 3. Okt. (Zerbster Archiv): „Die Grenadiere von Ew. Durchlaucht Regiment haben nicht Gelegenheit gehabt, ihre gewöhnliche Bravour zu zeigen (je 2 Gren.-Comp. vom Reg. Fürst Moritz und Manteuffel bildeten das Gren.-Bat. Puttkamer), sondern haben, sowie die von meinem Regiment (die Gren.-Comp. vom Reg. Bevern bildeten mit den von Blankensee das Gren.-Bat. Kanitz) bei Waltersdorf (am Liliensteiu) nur Zuschauer, jedoch etwas näher, abgeben müssen."

Gruppen hätten abgeschnitten werden können, sondern wurde, wie wir gesehen, in geschlossener Ordnung durchgeführt. Dann aber blieb die Infanterie bis nach Lobositz hinein im siegreichen Vorgehen, wobei die Oesterreicher gewiss keine Gefangenen machen konnten. Auffallend ist es, dass gerade die Regimenter und Bataillone, welche am wenigsten im Gefecht gewesen sind und sonst keine oder ganz unbedeutende Verluste erlitten haben, „Manquirende" aufweisen. Diese sind ohne Zweifel Ueberläufer, welche grade bei der verhältnismässigen Ruhe, die an ihrer Stelle herrschte, Gelegenheit fanden, sich davon zu machen. Besonders nahe liegt diese Annahme bei den 15 Manquirenden des Bataillons vom Reg. Zastrow, das als das letzte auf das Schlachtfeld kam; der Kanonendonner, dem es immer näher rückte, mag ein wirksamer Anstoss zur Fahnenflucht gewesen sein, die bei dem coupirten Terrain und bei der nach vorn sich richtenden Aufmerksamkeit der Vorgesetzten wohl gelingen konnte. Unserm Toggenburger gelang es allerdings, sich am Lobosch fortzuschleichen.

Ist diese Aufstellung richtig, so ergiebt sich als preussischer Gesammtverlust die Summe von 2878, die also noch etwas niedriger ist, als die österreichische von 2984, und damit zerfällt die Behauptung von Arneth etc. in nichts. Uebrigens weist schon der „Veteran" das „Gerede" von dem viel grösseren preussischen Verluste zurück, und sagt, die Verluste seien annähernd gleich gewesen. Noch sei erwähnt, dass die „Relations"[1]) eine Verlustangabe bringen, die aus der „preussischen Relation" entnommen ist, und auch mit der in den „Danz. Beytr." übereinstimmt, nur dass die Gefangenen (resp. Manquirenden) von der Infanterie ganz weggelassen sind, sodass die Summe von 2800 dort fast mit dem oben gewonnenen Resultat zusammenfällt. Der österreichische Verlust ist hier genau so überliefert, wie in den „Beytr." Gaudi aber sagt bei der Angabe der Gefangenen ausdrücklich, „welche nur die Cavallerie allein betroffen hatten." Die preussische Cavallerie hatte nun an Gefangenen 240 Mann eingebüsst, welche grosse Zahl der Verlauf der Attacken hinreichend erklärt. Und dass es diese Zahl war, die thatsächlich in österreichische Gefangenschaft gerathen ist, findet eine vollständige Bestätigung in den Berichten Brownes;[2]) am 4. Okt. nennt er dem Kaiser 241 Gefangene, am 6. Nov. „die 245." Zum Ueberfluss liegt noch der Bericht des Officiers

---

[1]) Dresden 1778.
[2]) Browne 4. Okt. an den Kaiser: „*des déserteurs il y a plus de 300 et des prisonniers 241;*" der grösste Theil war schon vor der Schlacht im österr. Lager; Browne 30. Okt.: „*il arrive journellement des déserteurs.*" — Browne 6. Okt. an den Kaiser: „*Le 5. j'ai ordonné de transporter les 245 prisonniers faits à cette affaire à Prague.*" —

vor, der die Gefangenen nach Prag brachte, und der ebenfalls 240 angiebt.[1]) Danach wären denn die wenigen Infanteristen zumeist als Ueberläufer und nicht als Gefangene zu rechnen. Die Deserteure aber wurden, sofern sie nicht kaiserliche Dienste nahmen, nach ihrer Heimat entlassen, wie man das in des Toggenburgers „Ebentheuern" geschildert findet.

Bei der österreichischen Verlustliste kann ich nicht umhin, auf einen Punkt aufmerksam zu machen. Es betrifft die Verlustangabe für das Cuirassierregiment Cordua, welchem schon bei der 1. Attacke übel mitgespielt worden war. Zu dem schon angeführten Zeugnisse Brownes[2]) für seine grossen Verluste sei hier noch eines Schreibens von Eichel an Podewils Erwähnung gethan, wo es heisst:[3]) „insonderheit ist das Regiment von Cordua fast ganz ruiniret worden, da selbst nach der Aussage der Blessirten und Gefangenen nur etwa 5 gesunde Officiers von solchem übrig geblieben sind." In der Liste steht nun vom Regiment Cordua:

Todt.		Blessirt.		Vermisst.	
Off.	Gem.	Off.	Gem.	Off.	Gem.
4	5	8	—	2	11

Da die Officiere namentlich aufgeführt werden, so ist bei diesen kein Irrthum möglich. Das Regiment hätte danach 14 Officiere und nur 16 Gemeine verloren, ein Verhältnis, gegen das alle Wahrscheinlichkeit spricht. Dass hier in der Zahl der Gemeinen ein Versehen vorliegt, ist eine ganz unabweisbare Annahme. Man müsste denn glauben, die Cuirassiere hätten ihre Officiere und ihre Feldzeichen, die hier verloren gingen, schmählich im Stich gelassen! Dass dem aber nicht so gewesen, dürfen wir nach dem Lobe, das Browne grade seiner Cavallerie ertheilt, nicht glauben, wenn nicht, wie bei den „Josephinischen Dragonern,"[4]) ein äusserliches Zeugnis für das Gegentheil spricht. Es muss also das Regiment an Reitern bedeutend mehr verloren haben, und damit würde die Verlustzahl wieder etwas zu Gunsten der Preussen modificirt werden müssen.

Aber auch abgesehen hiervon, so stellt sich unser Resultat dahin: die Preussen verloren an Todten und Verwundeten etwas mehr als die Oesterreicher — nach den officiellen Listen 2606 M. gegenüber 2273; an Gefangenen (u. Ueberläufern) aber fast $^2/_3$ weniger, nämlich 273 gegen 711, und ist ihr Gesamtverlust

---

[1]) Der Cornet „B." vom Anspach'schen Cuir.-Reg. schreibt am 6. Okt. aus Prag (k. k. Kriegsarchiv, Feldakten 10. 36): „Von preussischer Seite haben wir 8 Officiere und 232 Gemeine gefangen bekommen, welche ich hierher habe begleiten müssen." —
[2]) s. o. S. 55. Anm. 3. [3]) Corr. 13, 8214. [4]) s. o. S. 55, Anm. 2

demnach etwas geringer gewesen, als der der Feinde (2879 gegen 2984.)

Nochmals sei betont, dass ich es an sich für die Frage, ob die Preussen gesiegt haben oder nicht, für gänzlich unerheblich halte, ob sie den Tag theurer bezahlen mussten, als die Oesterreicher; und dass ich nur durch die österreichische Argumentation auf diese „Rechnung" geführt worden bin.

Ein schönes Denkmal setzte der Feldmarschall Schwerin den Gefallenen in seinem schon erwähnten Glückwunschschreiben an den König vom 8. Oktober[1]): „Ich bedaure die braven Generale und tapfern Leute, welche für Ihren Dienst an diesem Tage gefallen sind: aber man kann niemals Rosen ohne Dornen pflücken, und dass diese braven Leute für eine so schöne Sache starben, das spornt die Ueberlebenden zur Nacheiferung an, ebenso glorreich wie sie zu enden." Nach 8 Monaten sollte der Held das Ziel dieses edlen Ehrgeizes erreichen. —

Maria Theresia liess für die gefallenen kaiserlichen Officiere neuntägige Seelenmessen halten. —

Der Ausgang der Schlacht und des Feldzuges.

Am Abend der Schlacht war man im preussischen Heere theilweise gar nicht sicher, ob nicht der Kampf Tags darauf würde erneuert werden müssen. Die bessere Haltung der kaiserlichen Truppen war sehr bemerkt worden. Der Prinz v. Preussen sagt in seinem „Journal": „Die österreichische Cavallerie ist besser beritten, gekleidet und gezogen, als vordem; die Infanterie hat ein weit besseres Anschen, mehr Ordnung, und ansehnlichere Leute als sonsten." „Der Feind hat alles von alten und neuen Künsten angewandt, um vor diesesmal die alten Scharten auszuwetzen", schreibt Eichel an Schlabrendorff,[2]) nachdem er die erste Botschaft von der Schlacht durch den Lieutenant v. Oppen vernommen hatte. Andererseits scheint der Echec der Cavallerie einen Eindruck gemacht zu haben, den auch der glänzende Erfolg der Infanterie nicht ganz auslöschte, „deren unbeschreiblicher Valeur der glückliche Ausschlag und dass wir den Wahlplatz behauptet, der beinahe strittig geworden, lediglich beizumessen," wie der Reitergeneral Kyau[3]) selbst zugiebt.

---

[1]) Geh. Staatsarchiv B. 96. 90. L. II; z. T. bei Schöning, „Der 7jähr. Krieg nach der Originalcorr. Fr. d. Gr." etc. Potsdam 1851, abgedruckt.
[2]) Kriegsarchiv C: II. 19. — 2. Okt. Morgens.
[3]) Brief Kyau's an Moritz v. Dessau, Zerbster Archiv.

Aus dieser erregten Stimmung erklärt es sich wohl, dass der Umstand, dass die Oesterreicher den „Retraiteschuss" (beim Zapfenstreich) scharf abfeuerten (was nur ein Zufall gewesen sein soll), eine Wirkung hatte, die fast komisch erscheint. In vielen Berichten wird diese merkwürdige Kanonenkugel (eine 12 oder 18 pfündige) erwähnt, welche die unvereinbarsten Dinge angerichtet haben soll. Vor den Pauken des Karabinier-Regiments [1]) sei sie eingeschlagen; 2 Gensdarmen im II. Treffen habe sie verwundet;[2]) vor allem aber: Das Leben des Königs sei nur durch einen Zufall vor ihr bewahrt geblieben. Das erzählt Küster in seinen „Lebensrettungen Friedrich II."[:3]) die Kugel sei durch den unteren Theil des Wagens geflogen, in welchem der ermüdete König, der seit drei Tagen und zwei Nächten nicht geschlafen hatte (?!), sass, die Füsse auf den Rücksitz gelegt: sonst würden sie zerschmettert worden sein. Der König habe diesen Schuss für das Signal zu einem neuen Angriffe gehalten, und sei erst durch den „in österreichischen Diensten ehemals gestandenen braven General Baron v. Schönaich" darüber beruhigt worden. Natürlich ist die ganze Geschichte, sonst durchaus unbeglaubigt, in das Reich der Fabeln zu verweisen; der letzte Punkt ist schon darum unglaubwürdig, da der König nach drei Feldzügen wohl die Gewohnheiten der Oesterreicher selbst gekannt haben wird. Nur bestärkt wird diese Ablehnung dadurch, dass auch Catt,[4]) in dem ungedruckten Teil seiner Memoiren (siehe den Exkurs) dem Baron v. Schoenaich (Chef eines Reg. Cuirassire) dieselbe Rolle zuweist, wie Küster.

Im Gegensatz hierzu erzählt Westphalen, und das hat die Wahrscheinlichkeit für sich, dass wohl ein Theil der Generale die gewonnene Stellung für zu exponirt hielt und ein Zurückgehen in die Position bei Wellemin befürwortete: „allein der König gab dieser Meinung seinen Beifall nicht." Und wenn Westphalen dann fortfährt: „er veränderte sogar nicht einmal die dünne, schwache Stellung, worin das Heer sich gedehnt hatte, man nenne dieses Unterlassen Nachlässigkeit obseiten seiner, oder sehe darin eine ihm eigene Zuversicht" — so wird man keinen Augenblick darüber zweifelhaft sein, dass nur das zweite Motiv ein zulässiges ist. Diese Zuversicht war wohl begründet: der König übersah eben seine Lage und die des Gegners am besten. Sein linker, bei Lobositz exponirter Flügel

---

[1]) „Journal". [2]) Schöning, G. d. R. Garde du Corps.
[3]) Berlin 1792. Küster war Consistorialrat und „damaliger Stabs-Feldprediger."
[4]) Geh. Staatsarchiv Rep. 92. Catt 11. Catt sagt von Schönaich: „*qui devait connaître le Génie et les Principes*" des kaiserlichen Heeres. Das aber kannte der König doch auch, wenn auch nicht, wie jener, in k. k. Diensten gewesen war! (s. auch Anm. 1. S. 8.)

konnte jederzeit auf den Lobosch zurückgenommen werden, wo er, wie er gezeigt, einem Angriffe gewachsen war. Ein Verbleiben Browne's in seiner Stellung, nachdem nun auch Lobositz gefallen, war dagegen zwecklos und gefährlich.

Und doch sind dem Feldmarschall aus seinem Rückzuge grosse Vorwürfe[1]) erwachsen. Nur durch sein Zurückweichen habe er dem Könige gestattet, den Lorbeer des Siegers um seine Schläfe zu winden.

Zunächst abgesehen von der Zweckwidrigkeit eines weiteren Standhaltens hinter dem Modlbache, so vergessen die Tadler, zu denen auch Westphalen gehört, der, wie sein Herzog, ein Mann der methodischen Kriegsführung war und der vom Wesen und von der Wirkung der Schlacht nicht die volle Einsicht hatte, ganz, dass das österreichische Heer nach der Schlacht doch nicht in derselben Verfassung war, wie vor derselben. Ueber die Hälfte seines Heeres hatte der kaiserliche Feldherr nach und nach auf dem rechten Flügel bei Lobositz engagirt; von den 15 Infanterie-Regimentern hatten hier 8 gefochten, von den 10 Cavallerie-Reg. 5, dazu die Grenadiere und Carabiniere zu Fuss und zu Pferd, die Kroaten und die Husaren[2]). Die Niederlage dieser Truppen musste nothwendig das Gefüge des ganzen Heeres erschüttern. Dazu kam, dass man auch auf der österreichischen Seite, wie auf der preussischen, den Gegner überschätzte. „Der König in eigner Person rückte heran",[3]) war Browne Tags zuvor gemeldet worden, „mit einer sehr zahlreichen und auserlesenen Mannschaft." Auf 40 000 Mann wurde das preussische Heer berechnet[4]). Dass dasselbe in Wahrheit schwächer war, als das seinige, hatte ihn der ungünstige Ausgang der Schlacht nicht lehren können. Wohl aber wusste er nun gewiss, dass der König selbst ihm gegenüberstand, über welchen wichtigen Punkt, auf dessen Beachtung ihn der Kaiser aufmerksam gemacht hatte, ihm am Vorabend der Schlacht die widersprechendsten Meldungen zugegangen waren;[5]) dass er

---

[1]) Oester. Mil. Zeitschr. u. A.
[2]) Browne 2. Okt. an den Kaiser: „Les Regiments de la Cavalerie, qui ont été engagés avec l'ennemi, n'étaient que ceux de la droite, savoir archiduc Joseph avec tous les carabiniers et grenadiers à cheval, Cordua, Bretlach, Stampach et Anspach."
[3]) „Oester. Bericht," Danz. Beytr. S. 329.
[4]) Browne 2. Okt. an den Kaiser: „Le Roi de Prusse s'est avancé vers moi — avec une Armée, comme tous assurent, de 40 m combattants aux moins"; dieser Passus ist aber im Concept an Stelle des ursprünglichen Textes erst gesetzt, wo es hiess: „avec une Armée de 12 Reg. d'Inf., 8 de Caval., 4 de Dragons et quelques Bat. de grénadiers, qui pouvaient faire tous ensemble 36 à 40 mille hommes." —
[5]) Browne 4. Okt. an den Kaiser: „Pour ce que S. M. daigne ordonner j'y donnerai toute mon attention à ce qui regarde la personne du Roi de Prusse, dont

nichts gewisses hatte erfahren können, schreibt er dem Umstande zu, dass die Einwohner zu „materiell" seien, was wohl heissen soll: zu wenig aufopfernd, um für genaue Meldungen sich in Gefahr zu begeben; auch habe der König selbst in Aussig gesagt, er kehre nach Sedlitz (bei Pirna) zurück, statt dessen aber sei er „direkt zur Armee" gegangen.

Diesem Gegner gegenüber aber konnte Browne kaum geneigt sein, es auf einen zweiten Schlachttag ankommen zu lassen. Vor allem aber: die Gründe, welche beim Beginn der Schlacht des Königs Annahme berechtigten, Browne werde ihm ausweichen, mussten nun, nach dem ungünstigen Treffen, für den österreichischen Feldherrn entscheidend sein. Ein Stehenbleiben hatte nicht nur an sich keinen Zweck für die Hauptaufgabe Browne's, die Befreiung der Sachsen, sondern hinderte auch jede Bewegung zu Gunsten derselben, die so unmittelbar vor den Augen des Feindes, sofort entdeckt und damit vereitelt werden musste. Auch wäre bei längerem Verweilen die Gefahr für seine linke Flanke, die, wie gesagt, am Tage der Schlacht nur eine eingebildete war, zu einer wirklichen geworden. Eine Umgehung derselben zwang ihn zum Rückzuge, der dann nicht ohne weiteren Verlust bewerkstelligt werden konnte.

Es ist begreiflich, dass die österreichischen Berichte und auch Browne selbst den Rückzug mit ganz andern Gründen zu rechtfertigen suchen. Browne schreibt an den Kaiser:[1] „alle Proviant- und Fouragewagen waren geflüchtet, ausserdem hätte er in der Ebene Wassermangel gehabt" — wozu schon Gandi (u. Preuss) schlagend bemerkt, Browne habe ja selbst gesagt, dass sein rechter Flügel an der Elbe, sein linker an den Teichen von Tschischkowitz gestanden habe![2] So auch der Bericht des „höheren Officiers":[3] „da wir uns Wasser und Holz, bei der

---

la santé jusqu'à cette heure est assez bonne: et comme jusqu'à présent je n'ai épargné ni soin ni argent, j'en ferai de même à l'avenir pour cet effet: mais il est difficile, d'avoir de bonnes nouvelles dans ces pays; les habitants sont trop materiels pour en pouvoir attendre quelque detail: comme il me vient d'arriver la veille de la bataille où j'ai lu à tout bout de Champ cent rapports différents des postes, que je ne savais plus à la fin à quoi m'en tenir au juste, si le Roi y étoit ou non: puisque en partant d'Aussig il avait dit, qu'il retournerait au camp de Sedlitz et au lieu de cela il alla tout droit à l'Armée."

[1]) Browe 2. Oktober: „comme tous les chariots de vivres et fourage s'étaient sauvés, outre que dans cette plaine il y a la disette de l'eau, j'ai cru mieux faire ce matin de revenir à mon vieux camp derrière l'Egra, pour ne manquer de rien de ce qu'il faut pour la subsistance d'une Armée". —

[2]) Browne 30. September. s. S. 36. Anm. 3.

[3]) K. k. Kriegsarchiv, Feldakten 10. März: „Comme nous ne pourions plus nous procurer de l'eau et du bois qu'à la pointe de l'épée par la proximité de l'ennemi et que les troupes avaient un extrème besoin de repos et de se pourvoir des ustensiles, dont elles s'etoient debarassées dans le combat il fut résolu de nous en retourner dans ce camp de Budyn, d'où nous étions parti."

Nähe des Feindes, nur mit dem Degen in der Faust verschaffen konnten, und da die Truppen das grösste Bedürfnis nach Ruhe und nach der Beschaffung der Utensilien hatten, deren sie sich im Kampfe entledigt, wurde der Rückzug beschlossen." Diese „Utensilien" sind wohl die Zeltstangen, die, wie das „Journal" erzählt, die Oesterreicher bei der Alarmirung weggeworfen hatten; eine Unordnung, die sich dann freilich fühlbar machen musste. Noch andre Berichte geben in ähnlicher Weise als Grund des Rückzugs an, er sei erfolgt „wegen Bequemlichkeit der Subsistenz"[1]) oder „nachdem keine vivres alldorten waren."[2]) und eine Wiener Zeitung[3]) fabelt sogar von einem „Magazin," das „von den preussischen Husaren mit Feuer angestecket worden, mithin keine Subsistenz mehr" dagewesen sei. Aber diese kleinlichen Ausflüchte werden das Entscheidende nicht verdunkeln. Browne empfand, dass er nicht Sieger war, und handelte darum als kluger General, dass er die unvermeidlichen Folgen seiner Niederlage selber auf sich nahm, anstatt um des leeren Scheines willen sich grösseren Nachtheilen auszusetzen — was ihm freilich die Herren vom grünen Tische sehr übel nahmen.

Arneth führt noch einen Umstand an, der beweisen soll, die Schlacht sei mindestens unentschieden geblieben. Er erzählt,[4]) nach einer Depesche des Grafen Kaunitz an Starhemberg, die Oesterreicher hätten die preussischen Verwundeten vom Schlachtfelde weggebracht und ihre Todten beerdigt. Aus dem Verlaufe der Schlacht geht unzweifelhaft hervor, dass diese Angaben höchstens für einen Theil der Gefallenen und Verwundeten der preussischen Cavallerie auf Wahrheit beruhen könnte.

Das Ende des Attackenfeldes, namentlich in der Gegend von Sullowitz, lag allerdings in dem Bereiche der österreichischen Stellung, die hier bis zum Ende der Schlacht unverändert blieb. So hätten die Oesterreicher hier Gelegenheit gehabt, das Schlachtfeld aufzuräumen. Auf ihrem rechten Flügel aber, wo das blutige Hauptgefecht stattgefunden, kann von dieser, dem das Schlachtfeld Behauptenden obliegenden Arbeit für die Oesterreicher keine Rede sein. Uebrigens giebt weder Kaunitz an, woher er diese Sache wisse, noch bringt Arneth irgend einen andern Beleg dafür bei. Von den mir zugänglichen österreichischen Berichten bringt nur Brownes Brief vom 6. October[5]) die Angabe, er habe auch die Verwundeten des Feindes vom Schlachtfeld wegbringen lassen „soviel man deren gefunden hat," was in der obigen Einschränkung richtig sein kann. Wohl aber

---

[1]) K. k. Kriegsarchiv. Cab.-Akten 10. ad 2. [2]) Feld.-Akt. 10 28. [3]) Feld.-Akt. 10 54. [4]) „G. Maria Theresias." V. Anm. 26.
[5]) Browne 6. October an den Kaiser: „j'ai fait retirer du champ de bataille non seulement mes blessés, mais même ceux de l'ennemi autant qu'on en a trouvé."

fügt jene berüchtigte „*Lettre — du Camp de Budin*" ihren mannigfachen Harlekinaden als letzten Trumpf hinzu „*nous avons enterré ses morts.*" Ist dieser „Brief" nun Kaunitzs Quelle, oder hat Kaunitz den Brief inspirirt? Gaudi bemerkt übrigens, bei Erwähnung der Besetzung von Sullowitz durch das Gren.-Bat. Puttkamer am 2. Oktober: „mit der Beerdigung der Todten wurde der Anfang gemacht," was auch das Wahrscheinlichste ist, da nach dem Ende der Schlacht um 2 Uhr die Oesterreicher sich doch wenigstens eine Zeitlang von der Kampfesmühe erholt haben werden, und bei der früh eintretenden Dämmerung des Oktoberabends dann kaum noch diese Arbeit begonnen werden konnte.

Kaunitz macht nun Browne den Vorwurf, dass er diesen „für den Gewinn der Schlacht entscheidenden Umstand" in seinem Berichte nicht „herausgestrichen" (*relevé*) habe, und schreibt es nur der Bescheidenheit des Generals zu, dass der König sich habe den Sieg zuschreiben können. So aber hätte man die Schlacht für unentschieden gehalten, und daher von öffentlichen Freudenbezeugungen wegen des erfochtenen Sieges abgesehen. — Nun aber der Schluss: „Wir wollen in Nichts dem Könige von Preussen gleichen; wir werden diesen Grundsatz in Allem und überall aufrecht erhalten; niemals wird es in unserm Benehmen etwas zweideutiges geben"! — — Den ersten Vorsatz haben die Oesterreicher allerdings festgehalten, in Nichts haben sie dem grossen Könige geglichen; den zweiten weit weniger!

Dass sich die Oesterreicher keineswegs scheuten, über ihre zweifelhaften Erfolge die zweideutigsten Nachrichten zu verbreiten, dafür sei es gestattet, als Beleg einen Brief des Dichters Gleim an Ewald v. Kleist vom 24. Oktober 1756[1]) anzuführen: „Die Oesterreicher eignen sich den Sieg der Schlacht bey Lowositz zu, und schreiben unverschämt, sie hätten das Feld behauptet, und auf dem Schlachtfelde die Nacht nach dem Treffen zugebracht. Ich glaube Ihre Generals machen es der Kaiserin weiss. Auch behaupten sie, unsre Armee sey 50—60 Tausend Mann stark gewesen. Aber darin irren sie sehr, sie war 130 Tausend Mann stark.

> Mit hundertdreissigtausend Mann
> Griff Friedrich die Oesterreicher an
> Denn er allein war hunderttausend Mann!"

Der König versah sich auch von seinen Feinden in dieser Beziehung nichts gutes; am 28. Oktober schreibt er seiner Schwester Wilhelmine:[2]) „Jetzt werden die Lügen der Zeitungsschreiber

---
[1]) Preuss. Jahrbücher 1875, S. 147: „Halberstadt im 7 jährigen Kriege." Briefe von und an Gleim. Mitgetheilt von Heinr. Pröhle.
[2]) Corr. 13, 8258.

Mode werden, das alles ist nur blinder Lärm, und wir werden nichts sagen, als was Hand und Fuss hat."

In Bezug auf die Worte des Staatskanzlers wegen des unterlassenen Siegesfestes werden wir also in der Aeusserung des „Veterans" bei Erwähnung der am 4. Oktober im Lager abgehaltenen Festlichkeit mehr als Spott sehen dürfen, wenn er sagt: „Wir dankten bei dieser Gelegenheit der allerhöchsten Namensfeier des Kaisers unter dem Donner des Geschützes dem Herrn der Heerschaaren, dass es uns erträglich gegangen ist." Dem schliesst sich Warnery's boshafte aber gute Bemerkung an, Browne habe ein *Te Deum* gefeiert, nicht weil er den Sieg errungen, sondern weil er keinen grösseren Verlust erlitten habe: „hierin handelte er als guter Christ, der Gott für alle Schickungen danken soll." Der König aber meint darüber:[1]) „mag Browne soviel Theresien- und Franztage feiern, als es ihm beliebt; wir wollen nur Siege feiern"!

So verkündete den eingeschlossenen Sachsen das Lauffeuer der Preussen den erfochtenen Sieg, der ihre Hoffnung auf Befreiung erschüttern musste, und auch Schwerin[2]) gab seinem „Antagonisten" Piccolomini die Siegeskunde durch ein Tedeum, „das wir aus vollem Herzen sangen", und durch eine dreifache Freudensalve.

Alle die angeführten Gründe mögen zusammengewirkt haben, um Browne zu bestimmen, noch in der Nacht zum 2. Oktober seine Stellung ganz zu räumen, und sich in sein altes Lager bei Budin zurückzuziehen. In welcher Stunde der Abmarsch angetreten worden ist, darüber stehen sich wieder die österreichischen und die preussischen Nachrichten entgegen. Browne schreibt,[3]) er habe die ganze Nacht auf dem Schlachtfelde gestanden, und sei „am Morgen" aufgebrochen. Auch der „höhere Officier" giebt an[4]): „die Retraite hat am hellen Tage stattgefunden ohne jede Unruhe, obwohl in einer völligen Ebene." Der Cornet von Anspach[5]) aber sagt: „Nachts nach 11 Uhr" sei die Armee abmarschirt, womit die preussischen Berichte

---

[1]) Corr. 13, 8221.
[2]) Schwerin 8. Oktober an den König (G. Staatsarch. R. 96. 90 I., II): „*J'ai annoncé cette glorieuse Victoire, qui immortalisera avec ses hauts faits l'armée de V. M. à mon Antagoniste le Prince Piccol. par un Te Deum, que nous avons chanté du meilleur de notre coeur, et par un triple décharge*" etc.
[3]) Browne 2. Oktober an den Kaiser: „*J'ai resté toute la nuit sur le champ de bataille, mais — — j'ai cru mieux faire ce matin de revenir à mon vieux camp dernière l'Egra.*"
[4]) K. k. Kriegsarchiv, Feld Akt. 10/3. „*la retraite s'est passé en plein jour sans la moindre inquiétude, quoique dans une plaine unie.*"
[5]) K. k. Kriegsarchiv, Feld Akt. 10/36.

übereinstimmen, welche den Abzug meist auf Mitternacht verlegen. Das hat auch die grösste Wahrscheinlichkeit für sich, da die Deckung der Nacht, eben wegen der „völligen Ebene," die er zu durchziehen hatte, nicht zu benutzen, ein Fehler gewesen wäre, zu dessen Annahme Brownes sonstiges Verhalten nicht berechtigt. Seine Nachhut mag immerhin bis zum Morgen ausgehalten haben, und so seine Angabe einigermaassen rechtfertigen.

Ueber den Abzug der Oesterreicher soll der König die erste Nachricht durch einen österreichischen Deserteur erhalten haben; diese allerdings aus sehr trüben Quellen[1]) fliessende Nachricht hat an sich nichts unwahrscheinliches, da die preussischen Vorposten die Bewegung erst für ein erneutes Vorrücken[2]) hielten.

Der König blieb die Nacht über in Wchinitz; als Parole gab er: „Berlin und Friedrich!"[3])

Am 2. Oktober nahm er sein Hauptquartier im Schlosse von Lobositz und detachirte den Herzog von Bevern mit 5 Bat. und 1500 Reitern nach Tschischkowitz in seine rechte Flanke, zur Beobachtung Brownes. Im Uebrigen baute er den Feinden „eine güldene Brücke,"[4]) und richtete sich bei Lobositz in einem festen Lager ein. Denn so lange sich die Sachsen hielten, blieb der König zu schwach, den hinter der Flusslinie der Eger in vortheilhafter Stellung ihn erwartenden Browne von neuem anzugreifen. Der erste Zusammenstoss hatte ihm gezeigt, dass Browne zu vorsichtig sei,[5]) um das ihm anvertraute Heer in eine Position zu führen, wo es ein vernichtender Schlag treffen konnte. Dazu kam, dass der König, wenn er seinen Vortheil über Lobositz hinaus verfolgt hätte, mit dem vor Pirna festgehaltenen Heere immer schwerer in Verbindung bleiben konnte, und bei einem Befreiungsversuch Brownes die Möglichkeit für ihn immer geringer wurde, wenigstens für seine Person noch rechtzeitig nach Sachsen gelangen zu können. Der König musste eben sein Augenmerk nach zwei Seiten richten, und wollte weder Keith dem österreichischen Heere allein gegenüber lassen, noch den zurückgebliebenen Generalen die Entscheidung in Sachsen anvertrauen, falls dort der Erfolg des ganzen Herbstfeldzuges durch das Eingreifen der Oesterreicher in Frage gestellt wurde. So war der König trotz der gewonnenen Schlacht zum Stillstande veranlasst. Für sein persönliches Verweilen bei Lobositz war es wohl auch bestimmend, dass er eine österreichische Offensive nicht für ausgeschlossen hielt. Am 5. Oktober schreibt er an Moritz von Dessau:[6]) „Ich wollte gern nach Sachsen, wenn es möglich wäre; allein ich kann Ihnen versichern, dass

---

[1]) Kalckreuth u. Catt, s. Exkurs S. 104. — [2]) „Journal." — [3]) Kriegsarchiv, C. II. 7. — [4]) Corr. 13. 8146. — [5]) Corr. 13, 8144. — [6]) Corr. 13, 8151. —

ich hier ohnumgänglich nöthig bin, weil ich vom Kleinen bis zum Grossen alles besorgen muss, und da ich keine Hilfe habe. Gehe ich hier weg, so stehe ich vor nichts, und würde dieses Corps geschlagen oder repoussiret, so wäre es aus mit uns." Auch erwartete der König von seinem Siege entscheidenden Einfluss auf die Widerstandskraft der Sachsen. Am 2. Oktober schon schreibt er:[1]) „Nun muss der Matz capituliren; ich denke dass ich die Sachsen in Lobositz werde gekriegt haben." So von Tage zu Tage der Nachricht von der Capitulation harrend, wollte er gleich an der Stelle bleiben, von wo aus dann die weiteren Operationen ausgehen mussten.

Die Entscheidung kam, als Browne sich entschloss, den mit den Sachsen vor der Schlacht verabredeten Entsatzversuch ins Werk zu setzen. Am 7. Oktober ging er mit 8000 Mann bei Raudnitz über die Elbe und stand am 11. Oktober auf 1 Meile von Schandau, während der König nicht früher als am 12. Morgens von dem Aufbruch eines feindlichen Corps die erste unvollständige Meldung[2]) erhielt, die erst am 13. von Pirna aus ergänzt wurde. Der König eilte mit 15 Schwadronen (Baireuth- und Truchsess-Dragoner unter Schwerin) nach Sachsen zurück; aber bei seinem Eintreffen im Lager war schon Alles entschieden. So gut die Unternehmung vorbereitet war — schon Ende September hatte Lacy eine Art Posten-Cordon über die Hälfte des Weges vertheilt[3]) — und so vortrefflich der angestrengte Marsch trotz sehr ungünstigen Wetters ausgeführt wurde — man marschirte ganz geschlossen, ohne Patrouillen, um verborgen zu bleiben — so wenig energisch war das Verhalten Brownes in den Stunden der Entscheidung. Er wartete auf die Sachsen, diese auf ihn mit dem Angriffe[4]) auf die preussischen Einschliessungstruppen, die sich natürlich rasch verstärkten, während zuerst der General in Schandau (von Meyerink) gänzlich überrascht wurde, und sich kopflos genug benahm.[5]) So war das Unternehmen gescheitert, und die Sachsen, deren verlassenes Lager sofort von den Preussen besetzt ward, mussten, auf dem rechten Elbufer unter dem Lilienstein zusammengedrängt, die Waffen strecken.

In wie weit die Schlacht von Lobositz auf dieses Resultat von Einfluss gewesen ist, lässt sich vielleicht so fassen:

Eine eigentliche Verzögerung von Brownes Entsatzunternehmen ist durch dieselbe nicht herbeigeführt worden. Zwar stellte Browne das Ansinnen (an Brühl, 3. Oktober),[6]) die Sachsen

---

[1]) Corr. 13, 1846.. — [2]) Corr. 13, 8200 ff.
[3]) Browne 4. Oktober an den Kaiser: „Le colonel Lacy — — avait déjà établi une espèce de cordon des postes outre la moitié du chemin, quand il a été détaché à Leitmeritz." —
[4]) Aster. — [5]) Warnery. Aster. — [6]) Aster, S. 329.

möchten noch 4 Tage länger warten, wegen der zu nehmenden Umwege und des etwa einfallenden üblen Wetters", was offenbar nicht der wahre Grund war, aber Brühl erklärte (am 5. Okt.) dies für unmöglich, sodass Browne auch zur verabredeten Zeit am 11. Oktober Nachmittags zur Stelle war. Gewiss aber hätte Browne ohne die Niederlage ein grösseres Corps detachiren können, und vor Allem: er würde wohl, ohne die blutige Erfahrung, die er am Lobosch hatte machen müssen, bei Schandau unverzagt angegriffen haben. So aber macht die ganze, einem Streifzuge ähnliche Expedition den Eindruck, als sei sie nur unternommen worden, um der Ehre des Worts und den ausdrücklichen Befehlen des Hofes genug zu thun. Es dürfte nicht unbegründet sein, in der zaghaften Ausführung eines Unternehmens, das nur durch die höchste Kühnheit gelingen konnte, die moralische Wirkung des Tages von Lobositz wahrzunehmen; so war auch dieser Sieg des Königs „zu etwas gut gewesen." [1]

Die Sachsen hatten sich in ihrem Felsenlager gleichsam selbst eingesperrt, und damit auf jede Aktion von vorn herein verzichtet. Hätte sich aber das sächische Heer mit dem österreichischen in Böhmen zu Anfang des September vereinigt, so war auch die alliirte Armee dem Könige nicht einmal numerisch gewachsen, und wurde zweifellos ebenso besiegt, wie es bei Hohenfriedeberg und bei Kesselsdorf geschehen war. Dann konnte Friedrich wohl darauf rechnen, dass Maria Theresia, nachdem ihr Heer zerschlagen, keinen zweiten Feldzug abwarten würde. Dem passiven, entsagenden Aushalten der Sachsen hat Oesterreich es zu danken, dass es 1756 vor einer „Pharsalus-Schlacht[2]" bewahrt blieb, ohne die Friedrich der Grosse „nichts gethan zu haben" glaubte So hatte König August guten Grund, in einem Briefe an Maria Theresia vom 22. November 56 darauf hinzuweisen: „die sächsische Armee hat eine geraume Zeit die preussische Macht aufgehalten, und dadurch die auf Dero Königreich Böhmen gemachten Anschläge vereitelt." Aber Aster, der den Brief überliefert, hat wohl Recht mit der Bemerkung: „den Sachsen ist der Vortheil ihres Verweilens vor Pirna erst eingefallen, als sie sich gefangen geben mussten."

Wie dem aber auch sei, für die Fortsetzung des Feldzuges war es zu spät geworden. Sehr bald entschloss sich der König, Böhmen ganz zu räumen und seine Winterquartiere in Sachsen resp. Schlesien zu nehmen. Aus seiner Correspondenz ergeben sich die Gründe dafür ganz deutlich. Es waren die Verpflegungsschwierigkeiten, die ihn hierzu veranlassten, welche sich in einem in so später Jahreszeit erst noch zum grossen Theile zu erobernden,

---

[1] *Napoléon I.*: „*Toujours une victoire est bonne à quelque chose.*"
[2] Corr. 14, 8481.

zum Theil schon ausfouragirten Lande ergeben mussten. Dazu kamen die Terrainschwierigkeiten, die sich den Operationen im Spätherbst und Winter in dem Gebirgslande in Verbindung mit den Witterungseinflüssen in den Weg gelegt hätten. Freilich hat der König im nächsten Jahre die beiden herrlichsten seiner Siege im November und December erfochten; den einen aber in den Ebenen Sachsens, den andern im schlesichen Flachlande. Schon am 7. Oktober, also 8 Tage vor der Capitulation der Sachsen, schreibt der König:[1] „Des Winters über hier zu bleiben, halte gar vor unmöglich, weil wir zu spät nach Böhmen gekommen sind, und leben müssen und aufessen, was uns den Winter hätte ernähren sollen." Nach der Uebergabe aber, am 17. Oktober, schreibt er an Keith:[2] „Wir würden in Böhmen nicht bleiben können, ohne diese so braven Truppen zu ruiniren, und ich werde sie noch mehr als einmal nöthig haben." Und seiner Schwester Wilhelmine[3] giebt er als Grund des Zurückziehens seiner Truppen aus Böhmen an: „weil die rauhe Jahreszeit uns verhindert, die Piketpfähle fernerhin in den Boden zu schlagen" (28. Oktober). Mitbestimmend wirkte auch die Notwendigkeit, sich in Sachsen erst festzusetzen:[4] „Ich sehe keine Aussicht, in Böhmen festen Fuss zu fassen, schreibt der König am 18. Oktober aus Sachsen dem Prinzen v. Preussen, in Anbetracht der vorgerückten Jahreszeit und den verschiedenen Einrichtungen, die zuvörderst getroffen werden müssen."

So wurde denn Ende Oktober Böhmen von den Preussen geräumt — sehr unerwartet für Browne, der dem Kaiser schrieb,[5] „dass er den König in seinen letzten Anordnungen gar nicht erkenne." Somit war der Ausgang des Feldzugs ein solcher, dass Eichel wohl Veranlassung hatte, „bei dem grausamen Orgueil, Uebermuth und Aigreur des wienerischen Hofes" an Podewils am 2. November zu schreiben:[6] „Die Perspektive, so des Königs Majestät vor sich haben, ist wohl nicht die allerangenehmste." Doch vertrauensvoll fährt der treue Kabinetsrath des Königs fort: „ich hoffe aber, die göttliche Providence werde vor Dieselbe und Dero gerechte Sache wachen, und seit dem, was bei Gelegenheit der Bataille bei Lobositz geschehen und welches man billig einer miraculeusen Protektion des Himmels zuzuschreiben hat, bin ich fast persuadiret, dass die göttliche Vorsicht noch was besonderes mit des Königs Majestät intendire und Dero Sache protegire."

Zu den reichen Lorbeerkränzen, die Preussens grosser König und sein Heer sich in dem blutigen Ringen der sieben Jahre

---

[1] Corr. 13, 8170. [2] Corr. 13,8224. [3] Corr. 13,8258.
[4] Corr. 13, 8235. — [5] Oester. Mil. Zeitsch. [6] Corr. 14, 8284.

erwarben, hat auch der Tag von Lobositz ein volles Theil beigesteuert. Und die folgenden Jahre zeigten, wie berechtigt der König war, hinsichtlich seiner Armee am Tage nach der Schlacht dem Prinzen Moritz gegenüber der Zuversicht Ausdruck zu geben:[1] „Nach der gestrigen Probe können Sie glauben, dass nichts mehr in der Welt ihr unmöglich ist." Und der Brief an Schwerin enthält das berühmte Dankeswort des königlichen Feldherrn für seine Truppen:[2] „Seit ich die Ehre habe, sie zu kommandiren, habe ich niemals solche Wunder von Tapferkeit gesehen." Dem fast überschwänglichen Lobe aber, das Schwerin ihm daraufhin schrieb:[3] „Das ganze Manoever Eurer Majestät und ihr Muth übersteigen Alles, was das Alterthum und unsere letzten Jahrhunderte noch so wunderbares uns aufweisen", steht die bescheidene Aeusserung des ruhmgekrönten Siegers an seinen Freund d'Argens gegenüber:[4] „Was mich armen Philosophen betrifft, so bin ich da für nichts gut gewesen, als was ein Mann vermag auf fünf und zwanzig Tausend."

---

[1] Corr. 13, 8146.   [2] Corr. 13, 8144.
[3] Schwerin 8. Oktober an d. König (G. St. Archiv): „*toute la Manoeure de V. M. et Son Courage surpasse tous ceux, que l'Antiquité et nos derniers siècles nous produissent des plus merveilleux.*"
[4] Corr. 13, 8199.

Exkurs über eine Gaudi-Catt'sche Anekdote.

Gaudi erzählt auf Seite 60 seines „Journals" folgendes: „Der König, der· beständig auf dem rechten Flügel geblieben, und dessen Augenmerk dahin gegangen war, dass derselbe den Homolkaberg niemals verliesse, hatte kurz vor diesem glücklichen Anschlage (der Einnahme von Lobositz) wiederholte Nachrichten erhalten, dass die Munition auf seinem linken Flügel mangele, die Infanterie viel verloren, und der Feind noch nicht aus den Weinbergen des Lobosch gewichen sey, sondern vielmehr sich daselbst verstärke; er hatte daher die Bataille für verloren gehalten, und war, um seine Person nicht auszusetzen, mit der Garde du Corps zurückgegangen, hatte auch schon das nahe hinter der Fronte gelegene Dorf Bilinka erreicht, als ihm vorgedachter Major Oelsnitz die Nachricht von dem Gewinnst der Schlacht brachte" u. s. w.

Es wäre vielleicht gerathen gewesen, diesen ganz überraschenden Zug in der Handschrift ruhen zu lassen, da seine Tendenz offen zu Tage liegt, wenn nicht der ehrliche Preuss in seiner „Lebensgeschichte des grossen Königs Friedrich von Preussen", Berlin 1831, sich hätte verführen lassen, ebenfalls zu erzählen: „Der König, auf die wiederholte Nachricht, dass dem linken Flügel Munition fehle, dass derselbe viel verloren, dass der Feind sich in den Weinbergen des Lobosch immer mehr verstärke, gab den Tag verloren und ging mit der Garde du Corps bis in das Dorf Bilinka (auf dem halben Wege nach Welmina) zurück, wohin von Oelsnitz die Siegesbotschaft brachte."

Dass die Quelle von Preuss Gaudi ist, zeigt der Wortlaut; auch sonst hat Preuss dessen „Journal" benutzt, wie er u. a. auf derselben Seite selbst sagt.

Aber noch an einer ganz anderen Stelle hat dieselbe Geschichte ihren Erzähler gefunden. Der Vorleser des Königs,

Heinrich von Catt, überliefert sie in dem nicht veröffentlichten Theile seiner Memoiren, die im Geheimen Staatsarchiv liegen, und zwar in breitester Ausführlichkeit und Ausschmückung.[1]
Catt kam zum Könige erst im Frühjahr 1758, lässt aber seinen „Memoiren" einen Abriss der ersten Feldzüge des siebenjährigen Krieges vorausgehen, unter der Ueberschrift: „Anmerkung über das, was ich gehört habe, und das ich aufgeschrieben, um seine theilweise Falschheit sichtbar werden zu lassen."[2] Es folgt bald (Seite 5) die Bemerkung, dass er nur die „geheimen Anekdoten, nicht die Geschichte des Krieges schreibe."

Dem entspricht auch der Inhalt. Nach der Schilderung der Schlacht bei Lobositz, die jene aus dem „Journal" des Prinzen von Preussen etwas gekürzt wiedergiebt, kommt Catt auf die „Anekdoten dieser Schlacht," unter denen die Gaudische die Hauptrolle spielt. Auch in dieser erweiterten Form ist sie, im Auszuge wenigstens, zum Drucke gelangt. Der französische „Humanist," der Sprachlehrer Jean Charles de la Veaux, der längere Zeit in Berlin gelebt hat, hat sie seiner „*Vie de Frédéric II.*," die nach des grossen Königs Tode erschien, einverleibt, mit der Bemerkung, „dieser sehr merkwürdige Umstand" sei ihm „von einem Officier, Zeugen der Sache," mitgetheilt werden.[3]

Catt schreibt: „*Ce fut dans ce moment où l'on crut à chaque instant être pris en flanc et de manquer de munitions, que le Roi doutant de la victoire et ne voulant point comme de Raison hasarder sa personne sacrée, délibérait, s'il devait se retirer*" etc. Daraus entnimmt de la Veaux (T. VI. p. 92): „*Dans le moment où l'on crut être pris en flanc, et manquer de munitions, le Roi doutant de la victoire voulut se retirer*".

Die wörtliche Uebereinstimmung dieser und der folgenden Hauptstellen mit Catt lässt über die Quelle von De la Veaux keinen Zweifel übrig: Catt war sein „*officier témoin de la chose*," Catt, der 1756 noch in Holland weilte!

De la Veaux stand auch sonst in litterarischer Beziehung zu Catt, mit dem er in Berlin befreundet wurde; er nahm in sein Werk Catt's Apologie[4] auf, als dieser sich gedrungen

---

[1] Herr Professor R. Koser, der Herausgeber der „Memoiren und Tagebücher von Heinrich von Catt", hatte die Güte, mich hierauf aufmerksam zu machen.
[2] „*note de ce que j'ai entendu, que j'ai écrit pour en faire voir la fausseté en partie.*"
[3] „*Voici sur la bataille de Lowosi tzune particularité assez curieuse, qui m'est communiquée par un officier témoin de la chose*," B. VI., S. 92.
[4] Einleitung zu den „Unterhaltungen mit Friedrich dem Grossen," B. 22 der „Publikationen aus den Königl. Preuss. Staatsarchiven," S. X.

fühlte, sich gegen böswillige Auslegung der königlichen Ungnade, die ihn getroffen, zu vertheidigen. — Es bleiben also für die Geschichte zwei Quellen übrig: Gaudi und Catt, die zunächst von einander unabhängig erscheinen. Wie ist Catt zu seiner „geheimen Anekdote" gekommen?

Catt speisste mit den Adjutanten des Königs zusammen; [1]) was mag da bei Tisch in den 5 Kriegsjahren alles erzählt worden sein! Nun war gerade dieser Kreis in einer gewissen frondirenden Stimmung gegen den König; sei es durch die Ansichten des Prinzen Heinrich über des Königs Kriegsführung beeinflusst, mit dem ein Theil wenigstens zeitweise auch dienstlich verbunden war; sei es, dass Einzelne sich für die grosse Anspannung und Aufopferung, welche der Ernst der Lage grade für des Königs Umgebung erheischte, vom Könige nicht genug ausgezeichnet glaubten. Sie rächten sich durch Erfindung und Verbreitung von Geschichten, die den König herabsetzen sollten, und zwar meist, um das Verdienst der Königlichen Brüder oder auch eines anderen Offiziers herauszustreichen.

Dass aus dem von solcher Stimmung beherrschten Kreise Catt's Erzählung stammt, wird durch den Verlauf derselben ganz unwiderleglich bewiesen.

Auf Kosten des Königs tritt der Prinz von Preussen glänzend hervor. Schon vor der Schlacht berichtet Catt Einzelheiten, um sein militairisches Talent zu erweisen, die zum Theil jedem Unbefangenen als Ruhmesthat geradezu lächerlich erscheinen müssen. So erzählt er: Der Prinz erhält den Befehl, bei Aussig die Brücke abzubrechen und den dort zurückbleibenden Oberstlieutenant v. Kleist (Reg. Zastrow) darüber zu instruiren, was er im Falle eines Angriffs zu thun habe: „*de quoi Monseigneur s'acquitta admirablement bien, comme un Prince éclairé dans le métier des armes qu'il a étudié avec succès.*" Sollte man das bei einem „General der Infanterie" nicht für Ironie halten?

Am Vorabend der Schlacht lässt seine Majestät — nach Catt — den Prinzen in ihren Wagen kommen, um „*décharger son coeur de tourments cruels qu'Elle essayait,*" und beginnt nun „*par un soupir à lui faire part de la crainte et de l'espérance qui l'agitait tour à tour.*" Der Prinz „*dont l'attachement pour l'armée surpasse tout ce qu'on pouvait en dire,*" antwortet mit Festigkeit, und, während der König in seinem Wagen bleibt, geht er hin, „*parler aux soldats et aux officiers.*" [2])

---

[1]) Catt erzählt: (22. B. d. Publik. aus dem Königl. Preuss. Staatsarchiven S. 9): „*Monsieur de Wobersnow — avait ordre de me conduire à sa table, où mangeaient tous les aides de camp.*"

[2]) s. S. 10 Anm. 1.

Ob der Prinz wirklich diese sentimentale Scene selbst erzählt hat? Denn Zeugen könnte doch das Tête à tête in der Karosse nicht gehabt haben.

Nach dieser Vorbereitung ist man kaum überrascht, dass in der Schlacht selbst der Prinz gradezu der Held ist, der den König, vergeblich, ermahnt „*courir le sort de ses braves troupes,*" und, als der König ihm sagt: Ich will nicht gefangen werden, was soll ich denn thun? ihm antwortet: „*Vous mettre, mon cher frère, à la tête de votre armée et aller droit à l'ennemie, il n'y a pas d'autre réponse. Votre brave armée en est digne.*"
Der König aber reitet fort, und lässt dem Prinzen, der indess mit mehreren Officieren darüber verhandelt, ob er ihm folgen müsse, schliesslich durch den Feldmarschall Keith dies direkt befehlen: „*le bien de l'état demande que l'héritier présomptif ne soit pas pris; pensez, Monseigneur, à ce que vous devez au Roi et à l'état*"!
Das wirkt denn: „*J'obéis, mon cher maréchal, mais c'est malgré moi qu'on m'ôte le bonheur de mourir à la tête des braves troupes qui s'exposent pour le Roi.*" Der Prinz folgt also dem Könige „*la rage dans le coeur et les yeux pleins de larmes qu'il versait à grosses goutes de depit.*"

Nach der Schlacht aber lässt Catt noch folgende Scene sich abspielen, die wieder De la Vaux fast wörtlich von ihm übernimmt:[1]) *Le Prince de Prusse toujours attentif à encourager le mérite militaire et à lui inspirer l'émulation, félicita le duc de Bevern du gain de la Bataille et lui dit en présence du Roi: Ce n'est qu'à vous que le Roi doit le gain de la Bataille; vous méritez d'être fait maréchal sur le champ de Bataille; remerciez le Roi; il ne vous le refusera pas. Monseigneur le duc plein do modérité n'en fit rien et le Roi l'entendit sans faire autre chose pour lui que de le remercier dans les termes les plus gracieux.*"

Es ist schwer zu begreifen, wie ein doch gewiss kluger Mann, wie Catt es war, sich darüber hat täuschen können, dass er mit solchen Geschichten jeden Unbefangenen nur zwingt, über des armen Prinzen gänzlichen Mangel an Taktgefühl und militärischer Disciplin zu erstaunen, ja fast dessen volle Zurechnungsfähigkeit anzuzweifeln.

Diese Proben werden genügen, um zu zeigen, von welchem Geiste Catt's „Anekdote" durchdrungen ist: sie hat etwas em-

---

[1]) De la Veaux: „*Le prince de Prusse, toujours attentif à encourager le mérite, félicita le duc de Bevern sur le gain de la bataille et lui dit en présence du Roi: „c'est à vous seul que le Roi doit la victoire, vous méritez d'être fait maréchal sur le champ de bataille; remerciez le Roi, il vous accorde sûrement cette récompense. Le duc plein de modestie, se contenta de faire une inclination au prince, et le Roi qui entendit tout cela ne récompensa le duc que par un compliment bien tourné.*"

pörendes, diese Gehässigkeit, die in dem Könige die nur an sich denkende Verzagtheit verkörpert, und ihm den Prinzen als Vorbild gegenüberstellt, dessen Hohenzollernblut gewiss soldatischen Muth verbürgt, dem sein Königlicher Bruder aber vor dem Feldzuge zu schreiben Veranlassung gefunden hatte (am 13. August:[1]) „wenn unsere Feinde uns zum Kriege zwingen, muss man fragen: wo sind sie? und nicht: wie viele sind ihrer? — — Mögen die Weiber in Berlin von Theilungsverträgen schwatzen — aber was preussische Officiere betrifft, die unsere Kriege geführt, so müssen sie gesehen haben, dass weder die Ueberzahl noch die Schwierigkeiten uns den Sieg haben entreissen können; sie müssen bedenken, dass es jetzt dieselben Truppen sind, wie im letzten Kriege ... und dass, wenn man nicht auf sehr grosse Missgriffe verfällt, es moralisch unmöglich ist, dass unser Schlag fehlgeht."! —

Sollte Catt wirklich so naiv gewesen sein, nicht zu sehen, in welches Licht er den König stellte; oder wirklich jene Aufzeichnungen nur gemacht haben: *„pour en faire voir la fausseté en partie"*? Es war das letzte jedenfalls ein zweischneidiges Verfahren: wie die ohne diesen Vorbehalt gemachte Weiterverbreitung durch De la Veaux zeigt. Aber auch an Catt's Naivetät hierbei, wenn er sich auch in militärischen Dingen manches wird haben aufbinden lassen, wird man nicht denken dürfen. Er wusste wohl, was er schrieb. Ich glaube nicht zu weit zu fehlen, wenn ich die Niederschrift dieser „Anekdote" in die Zeit verlege, als Catt beim Könige in Ungnade gefallen war, und ihn sein Groll antrieb, jeden vernommenen Klatsch gegen den König ausgeschmückt zu überliefern. Der Prinz v. Preussen eignete sich wohl zum Helden für solche Fabeln: er war 1758 schon gestorben, und so brauchte Catt nicht zu fürchten, aus erster Hand Lügen gestraft zu werden, als er De la Veaux sein Manuskript zur Benutzung anvertraute.

Nun, demselben Kreise, in welchem Catt im Feldzuge verkehrte, gehörte auch Gaudi als Flügeladjutant an. Die grösste Wahrscheinlichkeit spricht dafür, dass auch er seine Episode aus den Gesprächen an der Adjutantentafel entnommen hat. Dass Catt und Gaudi wenigstens in diesem Zusammenhange stehen, wird durch die bei Beiden gleiche Motivirung der Zaghaftigkeit des Königs bewiesen. Gaudi aber war doch einsichtig oder vorsichtig genug, sich mit dem möglichen zu begnügen und den gänzlich ungereimten Gegensatz des Königs und des Prinzen fortzulassen, der auch allerdings in seine ganz sachlich gehaltene Darstellung der Schlacht allzu übel hineingepasst

---

[1]) Corr. 13, 7838; von der Correspondenz des Sommers 1757 ganz zu geschweigen! —

hätte. Aber er war einmal der Clique des Prinzen Heinrich verfallen, und so konnte er es nicht unterlassen, dem Könige dieses Geschichtchen anzuhängen, das jedes thatsächlichen Hintergrundes entbehrt. Es war ja freilich eine verführerische Parallele zu des Königs Ritt vom Schlachtfelde von Mollwitz,[1]) wenn er ihn nun in der ersten Schlacht des siebenjährigen Krieges dem Feinde auch vorzeitig den Rücken kehren liess!

Auch Gaudi hat seinen Helden, der dem Könige zum Trotz die Schlacht gewann. Es ist der Major und Flügeladjutant v. Oelsnitz, der auch bei Catt seine Rolle spielt, wenn er auch etwas hinter den Prinzen von Preussen zurücktritt.

Gaudi fährt bei der oben angeführten Stelle so fort: „Oelsnitz versicherte den König, dass der Feind Lobositz bereits verlassen hätte, indessen war doch der Rückzug schon so gut wie beschlossen gewesen, und es kostete erwähnten Major jetzo noch vieles Zureden diesen Vorsatz abzuwenden; er wurde in den gnädigsten Ausdrücken zum Oberstlieutenant deklariret, und der König ging wieder zur Armee."[2]) Am Ende der Schlacht aber erzählt Gaudi folgendes (S. 63:)

„Der König war nicht ganz der Hoffnung, dass Browne weiter zurückgehen werde; vielmehr besorgte er, dass es noch zu einem Auftritte kommen dürfte, und war wohl nicht völlig entschlossen, in Ansehung der feindlichen Ueberlegenheit solchen abzuwarten, sondern eher bei eintretender Nacht sich zurückzuziehen, es war auch nur dem Obrist-Lieutenant Oelsnitz, der die Charge eines General-Quartiermeisters in der Armee verwaltete, zu danken, dass letzteres nicht geschahe; denn dieser bewiess in seiner Unterredung, die er darüber mit dem Könige hatte, dass die Nothwendigkeit erforderte, stehen zu bleiben" u. s. w.

Oelsnitz hatte sich in der Schlacht, wie gesagt, grosse Verdienste erworben, die der König durch jene Beförderung belohnte. Der tapfere Mann fiel schon 1757 im Mai vor Prag,[3]) und da er nun todt war, konnte man es wohl wagen, ihn gegen den König auszuspielen; dem Todten gönnte man eher den Ruhm, als einem Lebenden.

Aber auch dies nicht unbestritten: Der Hauptmann Graf Schmettau nimmt das Verdienst, den König zur Behauptung des Schlachtfeldes überredet zu haben, für seinen Vater in Anspruch.[4]) Wie Oelsnitz bei Gaudi, so entwickelt hier der Ge-

---

[1]) cf. S. 102.
[2]) Preuss entnimmt daraus (S. 185): „Der König besorgte einen neuen Auftritt, und war nicht abgeneigt, vor der Ueberlegenheit des Gegners bei eintretender Nacht zurückzugehen; v. Oelsnitz, der für seinen Antheil an dem Siege Oberstlieutenant geworden war, verhinderte es."
[3]) s. u. A. Kalckreuth, „Paroles."
[4]) S. 318 f. der „Lebensgeschichte."

nerallieutenant Graf Schmettau in einer Unterredung mit dem Könige alle die Gründe, die für das Aushalten sprächen;[1] „der König liess sich um so leichter von der Möglichkeit, seine Stellung zu behaupten, überzeugen, da eine solche Meinung seiner eignen Denkungsart vollkommen angemessen war." Mit dieser Schlussbemerkung hebt der Verfasser sein eignes Raisonnement wieder auf, wie das in der „Kritik der Lebensgeschichte des Grafen von Schmettau"[2] ganz richtig hervorgehoben wird. Ich meine, dass man somit diese Anekdote gänzlich unberücksichtigt lassen kann.

Von Oelsnitz wird ein ungedruckter Bericht über die Schlacht erwähnt, den Kalckreuth[3] als den einzig guten neben dem des Königs bezeichnet. Dieser Bericht ist leider nicht aufzufinden;[4] er würde sonst, da Oelsnitz gewiss ein ebenso ehrlicher wie tapfrer Officier war, mit einem Schlage den Fall erledigen. So aber ist die Erörterung der einzelnen Angaben vielleicht nicht ungeeignet, um die Unhaltbarkeit der Gaudi-Catt'schen Erzählung zu erweisen.

Durch den Munitionsmangel auf dem linken Flügel sei der König so erschreckt worden, geben Gaudi wie Catt an. Nun wird von unverwerflichen Zeugen berichtet,[5] dass der König gegen diesen Mangel die wirksamste Abhilfe selbst anordnete, indem er vom rechten Flügel Munition nach dem linken bringen liess. Wie unüberlegt Catt Alles hingeschrieben, wie es ihm in den Sinn kam, erhellt daraus, dass er unmittelbar vorher selbst erzählt, wie der Munitionsmangel beseitigt worden sei; auch dies, um wieder zu einer Anekdote zu kommen: ein zu diesem Zwecke nach dem linken Flügel geschicktes Peloton vom Reg. Anhalt sei durch die Sticheleien eines Kameraden bewogen worden, dort bis zum Ende der Schlacht mitzufechten, wobei es sich natürlich „mit unsterblichem Ruhme bedeckte." Die preussische Disciplin, denke ich, wird wohl solche Streiche kaum zugelassen haben.

Auch der Gefahr „in der Flanke gefasst zu werden," wie Catt, oder dem Umstande „dass der linke Flügel viel verloren",

---

[1] Und das ist derselbe Schmettau, von dem der König am 15. Juli 57 dem Prinzen von Preussen schreibt (Corr. 15, 9206): „*Tous ces mauvaises manoeuvres viennent des conseils de Schmettau, qui voit toujours noir; je voudrais, que le diable m'eût plutôt emporté, que de vous l'avoir donné!* —
[2] Halle'sche Dissertation 1886.
[3] „Paroles," S. 61: „*Oelsnitz — a fait une relation qui, comme il me semble, n'est pas encore imprimée. Outre celle du Roi, elle est la seule bonne.*"
[4] Auch Erkundigungen bei der Familie v. d. Oelsnitz haben nur ergeben, dass der Bericht wohl existirt hat, aber sich unter den Familienpapieren nicht befindet.
[5] Behrenhorst, Westphalen. Auch Scharnhorst führt dies an.

wie Gaudi als Grund zu der Besorgniss angiebt, hat grade der König selbst zu begegnen gewusst: durch Verstärkung aus dem 2. Treffen, durch die Verlängerung der Schlachtlinie bis zur Elbe und die Ausfüllung der Lücke im Centrum[1]): wer hätte das anordnen sollen, wenn der König sich in der entscheidenden Stunde entfernt hätte?

Wir haben die Berichte zweier Augenzeugen, die auf dem Homolkaberge während der Schlacht gestanden: Westphalens und Behrenhorsts. Wohl spricht Westphalen von der „langen Stunde für die ungeduldige Erwartung, welche bei dem einen Theil die Hoffnung, bei dem andern die Furcht erzeugt hatte" — aber kein Wort davon, dass der König sich entfernt hätte. Behrenhorst aber schreibt: „Unser Held, unser König, hielt vor dem 1. Bat. unsres Regiments; — ich sahe denselben nur an, Stärke und Zutrauen herrschten in seinem Gesicht." Und trotz der Bemerkung, als die Patronen nach dem linken Flügel geschickt werden, „es sahe also nicht zum besten aus," keine Andeutung von dem Wegreiten des Königs. Abgesehen davon, dass die Diskussion, welche Catt zwischem dem Prinzen von Preussen und dem Obersten von Bredow, dem Commandeur des Reg. Anhalt, stattfinden lässt, zu welcher der Prinz „von der Höhe" zu diesem Regimente reitet, von dem in der Front stehenden Officier wohl würde gehört worden sein. Diesem *testimonium a silentio* in dem fast gleichzeitigen Briefe gegenüber, wird einer wohl 50 Jahre später (1806) niedergeschriebenen Aeusserung desselben Behrenhorst keinerlei Bedeutung beizumessen sein. In seinen „Militairischen und politischen Aufsätzen und Fragmenten" („Aus dem Nachlasse von Georg Heinrich von Behrenhorst, Dessau 1845, S. 180") lässt sich Behrenhorst über den grossen König wie folgt aus: „Seine Unternehmungen waren meist vortrefflich in ihrem Entwurfe, es fehlte ihne (sic) aber oft an der letzten Ausführung, weil er nicht kaltblütig genug war und die Einbildungskraft eines Poeten mit dazu brachte. Uebereilungen wie bei Kollin und Torgau, panischer Schrecken wie bei Mollwitz u. Lowositz und wieder Anwandlungen von verwegener Geringschätzung seines Gegners wie bei Hochkirchen und Maxen war er unterworfen. Als Literator war er seicht und als Dichter Fremdling und Nachahmer. Die Nachwelt wird ihn richten." Ich citire die ganze Stelle, da in diesem Zusammenhange die Erwähnung von dem „panischen Schrecken" bei Lobositz erst in das rechte Licht tritt. Die Anekdote Gaudis, auf die hiermit ohne Zweifel angespielt

---

[1]) Corr. 13, 8144: „*Je fis faire un tour à gauche — j'y envoyais les deux derniers bataillons. Je remplis — ce centre de mes cuisassiers.* —

wird, war natürlich auch Behrenhorst zu Ohren gekommen, und wurde von ihm in diesem Ergusse hässlichen Grolls gern benutzt: war doch schon aus stilistischen Gründen die Anführung zweier Tage für jenen Punkt so wünschenswerth! Aber grade die Zusammenstellung mit der Mollwitzer Affaire giebt uns ein neues, nicht unwichtiges Gegenargument an die Hand. Der König hat bekanntlich sein vorzeitiges Verlassen des Schlachtfeldes von Mollwitz — von „panischem Schrecken" ist auch hier nicht die Rede — schmerzlich bereut; wird doch glaubwürdig erzählt (s. Hoyer, Neues militairisches Magazin, 7. Stück, S. 17 ff), er habe es dem alten Schwerin Jahre lang nachgetragen, dass er ihm diesen Rath in so dringender Weise gegeben. Diese Erfahrung war gewiss geeignet, eine Wiederholung auszuschliessen. Auf Behrenhorsts Schmähungen fällt sein eignes Wort zurück: „die Nachwelt wird ihn richten!" Der König selbst aber schreibt von sich an Moritz von Dessau:[1] „Jch habe nicht einen Schritt gethan, ohne Alles zu bedenken, und bin kaltsinnig gewesen bei Umständen, da einem der Kopf leicht umgehen kann." —

Gaudi lässt den König mit der Garde du Corps zurückgehen. Auch hiergegen haben wir wenigstens ein negatives Zeugniss; positive kann es ja überhaupt gegen diese Sache nicht geben. Kalckreuth sagt nichts davon, obgleich er wohl zu erzählen weiss,[2] dass der König den Rückzug in der Nacht ins Auge fassend, der Garde du Corps für 3 Uhr Morgens sich zum Aufsitzen bereit zu halten befohlen habe.

Wenn er dies berichtet, warum sollte er wohl das andre verschwiegen haben? Denn das grade ein derartiger Umstand seinem Gedächtniss entschwunden sei, ist doch höchst unwahrscheinlich; noch weniger aber etwa ein für den König wohlwollendes Stillschweigen!

Uebrigens hege ich ein starkes Misstrauen gegen die Angabe Kalckreuths von der Ordre des Königs, welche den Schluss der Gaudi'schen Fabel zum Preise von Oelsnitz zu unterstützen keineswegs geeignet wäre. In Gaudis oben angeführten Worten ist schon ein Widerspruch, dass der König „wohl nicht völlig" entschlossen, und es auch „nur" Oelsnitz zu verdanken war, dass er nicht den Rückzug antrat. Catt sagt wenigstens nur, nach der tapfern Ausserung: „*les victorieux eurent bien peur*,

---

[1] Corr. 13, 8146.
[2] *Paroles, S. 33*: „*Vu cette position critique, le Roi prit la résolution de faire la retraite dans la nuit. Les garde-du-corps en colonne renversée à la tête devaient se mettre à cheval à trois heures du matin. A deux heures et demie arriva un porteenseigne autrichien déserteur, qui avait servi ci-devant dans l'armée prussienne. Il porta la nouvelle, que le comte de Browne rebroussait.*"

man habe darüber debattirt, die Cavallerie während der Nacht die Defiléen zurückpassiren zu lassen, und schweigt von Oelsnitz entscheidender Ueberredung.[1]) Mir aber scheint die Möglichkeit solcher kleinmüthigen Absichten ausgeschlossen. Lobositz blieb am Abend besetzt; bei Rückzugsgedanken hätte es das erste sein müssen, den linken Flügel an den Lobosch zurückzunehmen. Dass der König über seinen Sieg nicht zweifelhaft war, beweist die Abfertigung seines Adjutanten mit der Siegesbotschaft: „Heute früh so eben um $\frac{1}{2}$ 6 Uhr — schreibt Eichel von Sedlitz am 2. Oktober an Schlabrendorff[2]) — kommt dero Adjutant Herr v. Oppen en Courrier hierselbst an" u. s. w. Die Entfernung vom Schlachtfelde bis nach Sedlitz (bei Pirna) beträgt mindestens 50 Kilometer Weg; nimmt man die Nacht und die Gebirgswege hinzu, so muss Oppen schon am Abend abgeritten sein,[3]) jedenfalls aber lange vor Mitternacht, zu welcher Zeit nach Gaudi-Catt-Kalckreuth der König erst über den Sieg beruhigt wurde. Und Oppens Botschaft, die Eichel in seinem „confusen Bericht von dieser höchst erfreulichen Zeitung" im allgemeinen wiedergiebt, enthält die volle Gewissheit des Sieges: „Seine Majestät haben in dieser Nacht mit der Armee auf dem *Champ de Bataille* gestanden, werden aber vermuthlich heute die feindliche weiter verfolgen."

Fast besorge ich aber, schon zu viel auf Einzelheiten eingegangen zu sein und gegen offne Thüren anzurennen. Die entscheidenden Gründe, die Gaudi-Catt'sche Erzählung gänzlich zu verwerfen, liegen auf der Hand. Keiner von Beiden erzählt als Augenzeuge; Beide haben aus derselben trüben Quelle geschöpft; nirgends findet sich sonst auch nur eine Andeutung eines solchen Vorkommnisses. Selbst nicht im österreichischen Lager hat so etwas verlautet, obwohl jene „*Lettre du Camp de Budin*", die den König so erzürnte, ein Beweis ist, wie wenig man dort geneigt war, die Person des Königs zu schonen. Ich halte es für unmöglich, dass die Geschichte, wenn sie auf einer Thatsache beruhte, nicht in irgend einer Form in die Oeffentlichkeit gedrungen wäre. Nur durch die gänzliche Haltlosigkeit erklärt es sich, dass sie sich erst nach dem Tode des Königs ans Licht wagte, noch dazu an einer wenig auffälligen Stelle: allzu Viele werden sie durch die 6 Bände von De la Veaux

---

[1]) Dagegen hat Catt dieselbe Geschichte von dem österr. Deserteur, wie Kalckreuth: „ *Peu après arriva un bas officier du Regiment de l'Empereur de la famille de Bose qui avait été Page du Prince de Prusse, et puis officier dans l'armée prussienne et ayant radoté fut congédié. Il assura que l'armée décampait à l'heure qui est*" u. s. w. (s. S. 90).

[2]) Kriegsarchiv C. II. 19.

[3]) Wenn auch Eichel selbst schreibt: „da der Herr v. Oppen auf dem *Champ de Bataille* diese Nacht abgefertigt worden."

nicht durchgefunden haben. Auch bei Preuss ist die Sache, *bona fide* jedenfalls, nur in recht harmloser Weise wiedergegeben, sodass sie kaum besonderen Eindruck machen könnte. Aber die Drucklegung konnte doch vielleicht noch schlechte Früchte tragen, und so schien die Mühe nicht vergeblich zu sein, dieses Erzeugniss gehässiger Scheelsucht mit der Wurzel zu vertilgen.

Berichtigungen.

Auf S. 3. Anm. ist die Bemerkung über die verschiedene Schreibweise des Königs in der Correspondenz resp. der Histoire dahin richtig zu stellen, dass die Verschiedenheit von den betreffenden Herausgebern ausgeht, nicht auf der Handschrift des Königs beruht.

S. 16, Z. 26 v. o. statt Freitag lies Freytag.

S. 27, Anm. 2: statt 83 lies **41.**

S. 55, Anm. 3: statt 161 u. 162 lies **82.**

S. 56, Z. 8 v. o.: statt conpiret lies coupiret.

www.ingramcontent.com/pod-product-compliance
Lightning Source LLC
Chambersburg PA
CBHW031408160426
43196CB00007B/938